商务印书馆（上海）有限公司 出品
The Commercial Press (Shanghai) Co.Ltd

姜 华 著

商务印书馆
The Commercial Press
印于1897

———————— 作者简介 ————————

　　姜华，博士，复旦大学新闻学院研究员。承担国家社科基金项目一项、教育部重大项目子课题一项、参与国家社科基金重点项目一项。

　　在《中国社会科学》《新闻与传播研究》等期刊发表论文 60 余篇，其中 CSSCI 核心期刊论文 40 余篇，18 篇被《新华文摘》、《中国社会科学文摘》、《社会科学文摘》、中国人民大学复印报刊资料全文转载。曾获上海市第十六届哲学社会科学优秀成果奖（2023）、第三届全国新闻学青年学者优秀学术成果奖（2016）、2013 年度全国新闻传播学研究优秀论文奖（2014）、上海市第十二届哲学社会科学优秀成果奖（2014）、第二届中华优秀出版物奖（2009）。著有《新闻文化的现代诠释》（复旦大学出版社，2014）、《现代思潮与新闻文化》（香港中和出版有限公司，2014）等，合作主编有《出版的品质（增订本）》（商务印书馆，2021）。

复旦大学新闻学院高峰学科

建设经费资助出版

前　言

　　知识是人类在对置身于其中的周遭世界认知的过程中沉淀而成的经验，它往往以观念总和的形式呈现出来。[①]凭借知识，人类可以在世界之中生存、协作，创造出更多属于人类才可达成的奇迹。从某种程度上讲，人类生成、演化的历史，也是持续制造知识、传播知识的历史。借由知识的生成与制造，人类社会得以形成并正常运行。

---

① 本书对"知识"持一种较为宽泛的观点。在本书作者看来，人类知识是对诸世界的表征，是人类经验的体现。而"诸世界"是指人类自身所居留或持有的世界，简而言之，可分为物的世界、事的世界、精神的世界。物的世界，也即物质存在的自然世界，人类总是居留于物质世界之中，并试图对其言说，构造了物的世界的知识；事的世界，是人事的世界，使人类借由自身的活动而构造的世界，人类不仅居留于物的世界中，也为人事的世界所环绕，对人事的认知与经验，构成了事的世界的知识；精神的世界，是人类如何思考物的世界与事的世界的基础，是两种世界赖以达成的前提，同时，人类也会思考自身如何思考这种事，这些都是人类精神世界的知识。从这个角度看，人类精神活动的一切现象及其成果，都可以看作某种形式的知识。因此，在本书中，诗歌、戏剧、小说等文学作品，很多是关于人事的世界和精神的世界的言说和探讨，在此也被看作特定的知识形态和知识形式。

在探究人类知识时，人们普遍关注的是作为具体知识的直接创造者的写作者，其实这种知识仅仅是一种"私人化知识"。所谓"私人化知识"，乃是社会个体通过对周遭世界的观察、感知而形成的知识，个体将其写作出来存在于世，但并未进入社会公共领域。对于人类社会演进而言，更有意义的其实是"社会化知识"。所谓"社会化知识"，乃是指以"私人化知识"为基础，经由一系列社会化过程，最终进入社会领域并获得广泛传播，进而对他人智识、社会运作产生重要影响的知识。对于社会公众而言，"私人化知识"是"藏之名山"的存在物，公众是不知晓的，也无缘一睹风采。这些"私人化知识"由于存于"名山一隅"，未能触达公众，对于公众和社会而言，它犹如虚无缥缈的东西，于个体精神生活和社会的走向没有任何影响，其价值到底几何，也是无从判断的。

在过往的知识史、文化史研究中，我们更加看重"私人化知识"，也就是与某个写作者直接相关的知识文本，而对于这些"私人化知识"如何从个体的写作者手中，一步步走向社会的过程，是不太关注的。与此相关，我们在研究中，也就将更多的力量投注到古往今来的"文化英雄"——写作者身上。这当然没有错，因为"私人化知识"是"社会化知识"的前提和基础，若没有"私人化知识"的奠基作用，就没有"社会化知识"的形成和累积。不过，进一步深究会发现，若仅仅关注"文化英雄"，对"社会化知识"的理解则一知半解，就会有失偏颇——因为，"私人化知识"并不能涵括"社会化知识"的全貌。举个简单的事例，在古希腊，像柏拉图这样的"文化英雄"虽不能说如繁星点点，但肯定不在少数。也就是说，古希腊时代，有众多的"柏拉图"创造了可观的"私人化"的知识文本，但传之后世的只有柏拉图这样的幸运儿，原因何在？撇去其他原因不说，柏拉图比其他写作者有识见、有能力的地方在于，他能够顺利地将其"私人化知识"转化为"社会化知识"。据有关研究，柏拉图曾经花钱购买其他作者的作品，然后七拼八凑成"新的作品"，署上自己的名字卖给出版商。[①] 经由这个"从私人到社会"的过程，其他真正的作者消失了，善于"转化"的柏拉图留在了历史长河中。还有更多的写作者，可能作品并没有被如柏拉图这般的"作者"购买，但穷于将"私人化知识"转变为"社会化知识"，也消失在了历史星汉之中。

与之相似的，还有卡夫卡。有研究者就指出："卡夫卡的创作生涯堪称是一种纯粹的个人写作状态。他的写作不是为了在媒体上发表，不是为了大众，也不是为知识分子这一特殊群体，而是一种纯粹意义上的个人写作。"[②] 换言之，卡夫卡"纯粹的个人写作"所提供的知识文本乃是一种非常典型的"私人化知识"。若没有他的朋友马克斯·布洛德违背他的遗愿（将所有作品付之一炬）这样的意外发生，世间便不会有"卡夫卡"，也不会有

---

① 　H. L. 皮纳：《古典时期的图书世界》，康慨译，浙江大学出版社，2011 年，第 51—52 页。

② 　吴晓东：《从卡夫卡到昆德拉：20 世纪的小说和小说家》，生活·读书·新知三联书店，2003 年，第 13 页。

精细描摹现代人精神困境的作为"社会化知识"的"卡夫卡"流布于世。布洛德在"形塑卡夫卡"的过程中，"极力把卡夫卡塑造成一个虔诚的思想家。通过出版卡夫卡的遗作，写作卡夫卡传，布洛德对卡夫卡声望的确立起到了巨大的影响"①。其实，熟悉文学史的人会知晓，使卡夫卡的个人书写变为社会化知识的，不仅仅是布洛德，还有文学圈的其他知名人物，如阿道司·赫胥黎、阿尔贝·加缪、威斯坦·奥登，他们不遗余力地推崇卡夫卡。当然，除此之外，还有那些知名或不知名的卡夫卡作品各个语种的译者以及所有被遮蔽在幕后的出版商们——卡夫卡为世人所知，所震惊，所敬仰，首先是在捷克之外（捷克的阅读者很长时间对他视而不见，即使他在域外声名鹊起时亦如此）。

　　从更宏观的社会变迁的角度看，将"私人化知识"转化为"社会化知识"，使知识涵盖的"社会范围"逐渐扩充，经历了一个艰难的社会过程。古代社会的知识，虽然有一定程度的社会化，但大都局限于少数精英群体中，知识生产、加工和传播的这种状况，介于完全的"私人化知识"和"社会化知识"之间，是一种"半社会性质的知识"——其生成、制作和传播始终局限于社会中很小的一部分群体之中。依照迈克尔·曼的说法，"人类是在无休止地、有目的地并且是有理性地为增进他们对生活中美好事物的享用而斗争，为此，他们有能力选择和追求适当手

---

① 尼古拉斯·默里：《卡夫卡》，郑海娟译，国家文化出版公司，2006年，第298页。

段。……他们是权力的来源"。"在最一般的意义上，权力是通过支配人们的环境以追逐和达到目标的能力。"因此，追求"个体性权力，即社会的分层也就成了社会生活的一个制度化特征"①。安东尼·吉登斯也指出，手段或资源乃是"包含在支配结构中的权力的'基础'和'途径'"②。对于古代社会而言，对知识生产和传播权力的掌控，就成为个体或者集团拥有和运用权力、维系社会分层并保持权威地位的重要手段之一。

正因为如此，古典世界的书籍生产主要掌握在统治阶层手中，在古埃及如此，在古希腊和古罗马依然如此。从物质文化的角度看，书籍加工使用的材料非常昂贵，远非一般民众所能负担。"纸莎草纸的制作工艺非常复杂，价格高昂，比现在最优质的纸张也要贵得多。公元3世纪的菲尔穆斯皇帝曾说，可以用纸莎草纸的收入供养整个军队。"③为了竞争，托勒密禁止纸莎草纸出口帕加马，导致帕加马最终发明和使用了羊皮纸。无论是纸莎草纸，还是羊皮纸，均价格不菲，这就使得作为知识载体的书籍与掌握政治权力的统治阶层合二为一。这在图书的流通传播环节也可见一斑。纸草书不易保存，需要干燥的环境，而且不抗虫害。古罗马诗人贺拉斯（Quintus Horatius Flaccus，前65—前8）

---

① 迈克尔·曼：《社会权力的来源（第一卷）：从开端到1760年的权力史》，刘北成、李少军译，上海人民出版社，2015年，第5—7页。

② 安东尼·吉登斯：《社会理论的核心问题：社会分析中的行动、结构与矛盾》，郭忠华、徐法寅译，上海译文出版社，2015年，第76—77页。

③ H. L. 皮纳：《古典时期的图书世界》，康慨译，第31页。

曾经感慨地说："飞蛾不识字，何以食我书。"[①] 这对书籍文献的保存提出了很高的要求，所以，当时最为知名的两大图书馆（同时也是书籍的编辑出版机构和研究机构）——亚历山大图书馆和帕加马图书馆，都是由托勒密王朝和帕加马王朝举全国之力而筹建的；虽然也存在一家"民间图书馆"——私人设立的吕库吕斯图书馆，宣称对全社会开放，但事实上，能够进入并使用这家图书馆的也是上层社会的文化精英。

　　基督教兴起后，教会系统成为与世俗政权并列甚至在某种程度上超越世俗政权，在欧洲历史上绵延一千五百余年、垄断知识生产与传播的强大力量。"在许多时间和地点，意识形态延及的社会空间比国家、军队或经济生产方式的覆盖面更广。"[②] 在迈克尔·曼看来，宗教，正是一种非凡的意识形态权力。在欧洲基督教成为罗马国教后，它逐渐形成一个全新的知识传播网络。它不是国家，却形似国家，跨越了疆域，拥有至高无上的权威，最终形塑了整个社会的知识传播结构。基督教对知识传播的控制是通过教会的修道院书写系统建立的。"在六七世纪，意大利是修道图书馆建造的主要舞台。""在一个几乎由口头文化独霸的世界中，修道院成为书面文化和古代传统的庇护所。"[③] 之所以

---

① H. L. 皮纳：《古典时期的图书世界》，康慨译，第 33 页。

② 迈克尔·曼：《社会权力的来源（第一卷）：从开端到 1760 年的权力史》，刘北成、李少军译，第 26 页。

③ 弗雷德里克·巴比耶：《书籍的历史》，刘阳等译，广西师范大学出版社，2005 年，第 42、43、45 页。

说修道院书写系统是一个全新的知识网络，原因在于它改变了知识的内容，垄断了知识的生产："识文断字的能力，不管是对于一个以圣经为经典的宗教来说，还是对作为罗马帝国灭亡后诸王国管理者的教会来说，都是必须的，所以它现在几乎成了教会的专利。"①在这个垄断性的知识生产体系的运作下，古希腊和古罗马早期的很多文献，虽然有些得到保存，但古典世界的知识，在这个全新的、封闭的知识生产过程中不是消失在历史的烟尘之中，就是被束之高阁。旧经典的消失，显然与阅读市场的变化密不可分，上流社会的精英读者逐渐演变为基督教文献的读者，也很少再阅读古典文献。②

罗马帝国建立后，基督教很快成为国教，欧洲大部分地区也因此进入中世纪的漫漫长夜之中。古希腊的诸多世俗知识或被掩盖在基督教化的罗马帝国的宗教文化之中，或在罗马帝国的文化版图中消失不见。在这漫长的千年中世纪里，很多在西罗马帝国销声匿迹的古希腊经典文献被阿拉伯人翻译为阿拉伯文，在阿拉伯世界广为流传。1453年，君士坦丁堡陷落，大量精通古希腊文的知识阶层被迫离开了东罗马帝国。这些西迁的知识群体将留存于阿拉伯文世界的大量古希腊文献重新翻译成希腊文出版，并使之在欧洲大陆广泛流传——文艺复兴的时代由此来临，诸多久已消失在人们精神世界之中的思想家如柏拉

① 理查德·詹金斯主编：《罗马的遗产》，晏绍祥、吴舒屏译，上海人民出版社，2016年，第89页。
② 同上，第88页。

图、亚里士多德以及其他几乎失传的古希腊智者的作品，遂得以重见天日。在此过程中，如何将这些被束之高阁的"私人化知识"转化为"社会化知识"，绝非原著者和翻译者的一方之功（当然，这个过程中，翻译者居功至伟，是他们重新发现了尘封的古希腊文明和被弃之不顾的众多优异的知识文本），乃是诸多社会合力的结果。其中，出版商作为"私人化知识"走向社会的"媒介"，成为不可或缺的一环。文艺复兴的兴起，与君士坦丁堡的陷落和谷登堡活字印刷术的出现，在时间上有很大的重叠性，这并非偶然，三者之间实在是存在异常紧密的相关性；在三者之间，促使知识社会化的出版媒介的重要作用也是不言而喻的。

柏拉图、卡夫卡的事例以及古希腊文明的再发现和文艺复兴的开启表明，社会化知识不仅仅是个体书写的私人化知识这么简单的事，它们的形成，经历了从"私人"到"社会"的复杂过程；社会化知识不是"创作"出来，而是"制造"出来的。本书的目标，即力图从两个层面揭示"制造知识"的过程：其一，社会化知识制造时人类要素之外的非人类要素的作用；其二，社会化知识形成过程之中写作者之外的力量。

人们考察人类知识史的时候，过多地将注意力投注在了人类自身，仿佛只有人类才是人类知识史得以形成的唯一因素。此种现象的出现，或许是人类对自身过于自信，也或许是思想史对主体性力量的过分强调，掩盖了人类要素之外的非人类要素对人类知识积累的重要作用。诚如科学社会学家布鲁诺·拉图尔所言，"现代性通常都是以人类主义（humanism）为基础进行界定的……这一惯例本身就是现代式的，因为它保持了一种不对称性。它忽视了'非人类'——物，或者客体，或者兽类——的同时诞生"；"现代人自认为，他们成功地进行了这样一种扩展，仅仅是因为他们小心翼翼地将自然和社会（以及那被搁置的上帝）分割开来，而事实上，他们取得成功恰恰是因为他们将更大量的人类和非人类混在起来，他们并没有搁置任何东西，也没有排除任何结合"。[1] 依照拉图尔的思路，重新考察人类知识史，我们也会发现，人类知识形成或者说人类制造知识的过程中，充斥着各式各样的非人类要素。中国的笔墨纸砚，埃及的纸莎草纸，欧洲的羊皮纸，都是制造知识中必不可少的非人类要素。进而观之，城市这种人类居住的场所，也可作为影响知识制造的重要非人类要素。至少在欧洲，制造知识的中心，往往都是威尼斯、巴黎、里昂、法兰克福；或者依河傍海，或者身为交通枢纽，或为纸张加工提供便利，或为知识产品扩散减少开支，都是制造知识过程中不容忽视的非人类要素。其实，研究者早已注意到这方面的问题。中国书籍史家钱存训（Tsuen-hsuin Tsien）早在 20 世纪 60 年代的著述中就提出，人类思维能力与文字载体之间的关系值得深究。他虽然未曾明确地提出人类要素与非人类要素这样的对等学术概念，但"人

---

[1]　布鲁诺·拉图尔：《我们从未现代过：对称性人类学论集》，刘鹏、安涅思译，上海文艺出版社，2022 年，第 27、86 页。

类思维的能力"与"文字载体的方式"，在学理上与上述思路是相通的。

本书的前三章，将书籍、出版及其物质生产材料直至当下的 GPT 技术看作制造知识过程中的非人类要素，力图以宏观的视角，考察它们如何参与了人类知识的制造过程，对人类知识的生产和传播产生或将产生怎样的影响。例如，中国古代的书写文字言简意赅，与通常口语有很大差异，这恐怕就与物质书写材料的不易获得和加工制作成本高昂有一定关系——无论竹简木牍，还是作为书写材料的帛，均价格不菲，是容不得长篇大论和冗长言说的。同样地，当羊皮纸进入知识生产的行列成为主要的书写和出版材质时，何种类型的知识可以呈现在羊皮纸卷上，也成了人们不得不面对的关键问题。这些，都是非人类要素对知识生产和传播带来显著影响的范例。如果说，在以往的知识制造过程中，非人类要素还仅仅是在知识在载体这种物质性层面对形塑知识产生了这样那样的影响，有些还既有可能深刻改变了知识产品的最终表现形态，那么，当下 GPT 技术这种全新的非人类要素介入知识制造，则是更进一步甚至直接迈入知识文本的制造过程之中，大有与人类"共享"知识制造之势，其未来走向，更是值得深入研讨。

在考察知识史时，除了将目光集中于人类自身，研究者们更关注的其实只是"制造知识的人类"中的一小部分——作为"文化英雄"的写作者。前述事例已经表明，"社会化知识"的生成和传播涉及多种因素，非写作者这一单一因素可以涵括。在欧洲思想史上，苏格兰启蒙运动的光辉不仅照耀了英伦三岛、辐射了欧洲大陆，更是泽及大西洋彼岸新成立的美利坚合众国。自启蒙运动时起，学者们最为关注的就是启蒙思想家们及其言说，甚少有人探讨这些思想成果是如何为世人所知晓并风行天下的。以现象学的运思路径看，总是缺少了些什么。因为，在现象学学者看来，应该关注的是"对象的呈现方式，而非对象的内容"，"关心的是对象显示或展现自身的方式，也即：它是如何显现的"。① 以这样的思路考察苏格兰启蒙运动，以往仅仅考察启蒙思想家及其言说就是不充分的。至少，我们还应该分析，启蒙思想家及其言说，是以何种方式进入思想文化领域，将个体言说演变为社会化知识的。在本书中，我们力图将多种媒介要素纳入考察范围，以这些媒介串联起思想者之外的苏格兰出版商、画家、贵族赞助者等其他参与者，试图表明，苏格兰启蒙运动，是各个群体共同作用的结果，媒介在其中起到重要的联结作用。

与人们将苏格兰启蒙运动的功绩归诸启蒙思想家相似，戏剧学者也常常将莎剧的流芳百世看作莎士比亚非凡天才的表现。事实上，莎士比亚的天才在莎剧的兴起过程中固然不可或缺，但仅凭此尚不能保证莎剧的长盛不衰。莎剧的兴起，其实与"莎士比亚"从"戏剧中人"向"印刷中人"的转变密不可分——当然，此种"转变"与莎士比亚个人关系不大，完全是外力（出版

---

① 丹·扎哈维：《现象学入门》，康维阳译，商务印书馆，2023年，第13页。

商）推动的结果，莎士比亚只不过是个被动的"被转变者"。在印刷世界中的立足，使莎剧在动荡的历史剧变中得以保留，并被不停地改编、改变。这其中，还有历史的偶然因素在悄然地发挥作用——虽然是悄无声息的，但对莎剧的命运起到了决定性的作用：17 世纪末斯图亚特王朝王位继承中出现的"排斥危机"，使得很多新戏剧被禁演，老剧则得以幸免，已有些过气的"老戏剧家"莎士比亚被重新发现，人们发现他的历史剧与斯图亚特王朝的现实何其相似，莎士比亚在世时受欢迎的场景也几乎再次呈现——历史的偶然，也在一定程度上重新激活了莎剧，与印刷一道成就了这个世界文化史的不朽传奇。

再将眼光转向 20 世纪的中国。作为这个世纪最有影响力的文学家的鲁迅，不仅自身是通过创造引领思想的高手，而且是"制造知识"的行家。鲁迅参与书籍出版活动之深之广，在他那个时代的思想者中是颇令人瞩目的。① 本书在讨论鲁迅如何"制造知识"时，将关注点放在鲁迅与青年人的关系上，从中分析鲁迅如何帮助青年人出版作品从而促进青年人的成才、成长。在此过程中，我们会发现，20 世纪上半叶，文学的知识场域，

---

① 详尽且全面的研究，可参见吴中杰先生的著作《鲁迅与出版界》，商务印书馆，2019 年。这本著作，对鲁迅参与出版界的编辑出版实践做了全景式的呈现，是目前所见有关鲁迅与出版界之关系的最为全面的考察。此外，第一手的研究资料，也可参见鲁迅自己的记载——鲁迅自己对自己如何参与出版活动，如何与当时出版界的编辑、出版者交往，均有翔实的记叙，可参见《鲁迅全集》中的书信和日记。

乃是一个复杂的关系网络，这个关系网络是通过书籍、出版这种知识呈现的特定媒介而联结在一起的；不同的个体在这个关系网络之中的位置，又决定了他们各自有何种话语权。作为思想界旗帜的鲁迅，在这个场域之中，当然处于较为卓越的地位。可贵的是，鲁迅利用这种特殊的地位，为诸多青年人的成长提供了无私的助力。又如金庸。研究者以往常从文学创作本身探讨金庸的成就，这固然有其价值，但若考察金庸何以成为文化现象，则离不开"媒介"这一视角。论写作才华，与金庸不分伯仲的也能数得出多位，如古龙、梁羽生、倪匡等，他们各自的作品并不比金庸少，创作持续的时间似比金庸还要长，为何拔得头筹的是金庸？本书在探讨这一现象时，采用媒介学的视角，分析指出，金庸之所以超越群伦成为 20 世纪的文化现象之一，端在于他比同侪更懂得如何运用媒介，他也比同侪拥有更多的媒介资源。

本书的后七章，选取了诸如苏格兰启蒙运动、莎剧兴起、托尔金神话、乔伊斯与《尤利西斯》、鲁迅与青年、金庸传奇等典型的文化现象，从"制造知识"切入，以形象建构、媒介转向、文化资本、关系网络等具体的学术视角，讨论这些现象何以发生，是什么力量将不同类型的"知识"推向社会，完成从"私人化知识"向"社会化知识"的转变，最终在文化领域产生应有的社会影响。

写作这本书，是一个持续的过程，贯穿了本书作者近几年的学术研究工作。书中的各章内容，虽然从具体研究对象和时间跨度看，较为"发散"，但试图探讨的问题是较为集中的，即知识是如何被"制造"出来的——在具体探讨时，又将"媒介"与"知识"以及二者之间的互动作为重点探讨的方向。力图说明的也是一个看似简单事实上却异常复杂的现象，即"制造知识"的过程，是多因素综合起作用的过程，除了写作者，还有更多其他人类参与者；除此之外，非人类要素同样对"制造知识"起到不容忽视的作用。至于上述研究目标，是否已大致达成，还请读者不吝批评赐教。

姜　华

2023 年 7 月

目　录

第二部分　地方经验

第一部分　理论视野

第一章
媒介化的知识：
作为知识实践的出版

一 聚讼纷纭的"出版"

公元 4 世纪的博学者奥古斯丁曾发问："时间究竟是什么？……没有人问我，我倒清楚，有人问我，我想说明，便茫然不解了。"[①]1400 年之后的 1784 年，摩西·门德尔松和伊曼纽尔·康德又不约而同地发出"启蒙之问"，对当时席卷欧陆与英美的思想运动给予界定。[②]无论是"时间之问"，还是"启蒙之问"，三位著述者都不约而同将各自时代耳熟能详又常常为人习焉不察的现象抛在了世人面前。在当代的文化生活中，从观念

① 奥古斯丁：《忏悔录》，周士良译，商务印书馆，1996 年，第 242 页。
② 摩西·门德尔松：《论这个问题：什么是启蒙？》，参见詹姆斯·施密特编：《启蒙运动与现代性》，徐向东、卢华萍译，上海人民出版社，2005 年，第 56—60 页。伊曼纽尔·康德：《对这个问题的一个回答：什么是启蒙？》，同上，第 61—64 页。

的模糊性上看，"出版"与"时间""启蒙"差可比拟。尤其值得注意的是，当下的数字技术弥漫于现实世界，对现代生活已全面浸渗，出版活动亦不能自外于数字世界。换言之，数字时代迅速来临，"出版是什么"不再像以往那么"确定"，似乎成了一个言人言殊、聚讼纷纭的话题。

以往对"出版"给出大致"确定性"界说的观点，大多是围绕媒介形态展开的。1755 年，英格兰负有盛名的文人、学者萨缪尔·约翰逊（Samuel Johnson）在其编纂的英语词典中如此定义"出版"（publish）："使众所周知；宣告；泄露。"或许是意识到这个界定过于泛化，紧接着便给出一个更确切的定义：所谓"出版"，即"向世界推出一本书"；所谓"出版人"（publisher），即"将一本书推出世间的人"。[①] 在这里，约翰逊直接将"出版"与"书籍"画了等号。其实，在约翰逊的时代，英格兰与苏格兰合并，启蒙运动席卷英伦与欧陆，远及美洲。文人的书写与书籍的出版的确风起云涌，以自己的方式激荡社会，书籍因此成为耀眼的媒介。但是，彼时已经迈入 18 世纪的门槛，传媒领域早已不只有书籍，期刊同样释放出惊心动魄的力量。约翰逊的早年，贫困潦倒，不名一文，是《绅士杂志》的撰稿生涯和创办、主撰《漫步者》双周刊的岁月成就了他的显赫文名。但是，他的眼里只有"书籍"。时至今日，一位资深的英国传媒学者的观点还与

---

①   Samuel Johnson, *A Dictionary of the English Language*, Vol. Ⅱ (London: G. and J. Offor, etc., 1825), 419.

其前辈约翰逊相当一致："一般而言，出版就是将书籍推向公共领域的商业活动。"[1]当然，也有研究者看到如此界定出版的局限性，将更多类型的媒介纳入其中。一部面向出版业者和研究者的专业词典认为将出版等同于书籍出版太过狭隘，指出"出版是将书籍或文章印制并分销的活动"[2]。英国出版家昂温父子也在为《不列颠百科全书》有关"出版史"的长条目中将"图书""报纸""杂志"均看作"出版"，并认为"出版是一项涉及印刷品的选择、编辑和销售的活动"[3]。约翰逊也好，昂温父子也罢，可能囿于时代局限，他们对"出版"给出了"窄化"界定，毕竟在他们各自所处的时代，媒介技术不如当代这般，可以使用的"公之于众"的媒介也就那么几种；又或许，在他们的眼中，"书籍出版"最符合他们心目中"出版的理想类型"，故潜意识地将二者等同起来。不过，值得一提的是，这种将"出版"等同于"书籍出版"的观念源远流长，不仅在日常生活中，普通人将出版等同于书籍出版，即便是文化领域的从业者，谈及"出版"，也常常指向书籍、报刊。

随着数字技术在传播领域的全方位使用，研究者觉得以往对出版的认定太过狭窄，无论是将书籍出版等同于出版，还是

---

[1] John Feather, *A history of British Publishing* (London: Taylor & Francis, 2006), 1.

[2] A & C Black, *Dictionary of Publishing and Printing*, third edition (London: A & C Black publishers Ltd., 2006), 135.

[3] G. 昂温、P. S. 昂温：《外国出版史》，陈生铮译，中国书籍出版社，1988 年，第 1 页。

在其基础上添上报纸与杂志。有研究者就认为："从最广泛的意义上讲，出版产业应该包含报纸出版、杂志出版、音乐出版、地图出版、政府信息出版、漫画书出版，以及书籍出版。"[1] 这个提法看上去相当含混，让人不能理解其划分标准，所列举的很多类别其实多有重叠之处，但它依然大致以媒介形态来定义出版，只不过相比以前，将更多不同形态的媒介商品纳入其中而已。这种观点形成于 21 世纪之初，或许和数字技术尚未在文化生产与传播领域彰显威力有关。近二十年来，信息式或数字式的元技术"极大地拓展了人类在社会与物质世界中行动的自由程度……可投入的原材料类型得到了前所未有的丰富化……实际可能产出的产品变得无限多样"[2]。于是，米哈伊尔·巴赫金、朱莉娅·克里斯蒂娃等人的互文性观念在数字空间得到前所未有的重视，数字世界仿佛成了一个互文的意义网络。在数字技术和互文性的双重作用下，以超链接为代表的超文本性正在"将各种计算机为中介的文本和应用相互联系"起来。[3] 这种情况的出现，使人们对"出版"的认识发生了迅速变化。有研究者就认为，"数字技术重塑了出版的形态和方式，实现了不同文本类型的动态拼贴，融合了渗透在日常生活各个方面的多重知识生产

---

① Jorge Reina Schement eds., *Encyclopedia of Communication and Information* (New York: Macmillan Reference USA, 2002), 797.

② 克劳斯·布鲁恩·延森：《媒介融合：网络传播、大众传播和人际传播的三重维度》，刘君译，复旦大学出版社，2012 年，第 69 页。

③ 同上，第 96 页。

网络"，"网络文学类、科普类的知识生产，小红书、微信群自组织专业教育等"这样的数字出版"在专业出版机构之外开辟了知识生产及公开化的全新场域"。[①]还有研究者在讨论数字出版的生态时，将推特、Facebook 看作数字出版的重要组成部分。[②]在实践领域，人们将更多的文化实践纳入"出版"之中。据报道，2020 年，中国数字出版业总收入 11781.67 亿元人民币，其中包含了互联网期刊、电子书、数字报纸、博客类应用、网络动漫、移动出版（移动阅读、移动游戏等）、网络游戏、在线教育、互联网广告、数字音乐等等。[③]可以说，除了传统意义上公认的报刊、书籍的数字化出版，数字领域的大多数传播活动也都成了"出版"。

除了"以媒介定出版"的倾向，还有研究者从印刷技术的角度分析出版，以至于很多人在潜意识之中，将出版与活字印刷术等同起来，给人无（活字）印刷就没有出版的印象。将谷登堡活字印刷技术看作重大的传播革命，这是欧美学界一个重要的看法，有大量研究成果。伊丽莎白·爱森斯坦（Elizabeth Eisenstein）史料翔实、论证充分的著作使学术界充分认识到谷登堡

---

① 孙玮、李梦颖：《数字出版：超文本与交互性的知识生产新形态》，《现代出版》2021 年第 3 期。

② 常江、朱思垒：《架构、生态与普惠：一个数字出版的阐释框架》，《现代出版》2022 年第 1 期。

③ 魏玉山：《产业规模逼近万亿元，2019—2020 中国数字出版产业年度报告出炉》，https://www.cptoday.cn/news/detail/10727。

活字印刷技术的力量，而马歇尔·麦克卢汉（Marshall McLuhan）天马行空的论断，亦有令人茅塞顿开之感。或许是 15—20 世纪上半叶的人类社会被印刷术紧密"包裹"着，出版似乎也就成了"印刷"之事。但事实上，从活字印刷最为突出的特征"复制"来看，虽然谷登堡活字印刷术之前的书籍复制更费时费力，但其效率和生产能力依然比想象中要高。皮纳（H. L. Pinner）就指出，早在古希腊时期，为了书籍生产，"誊写匠人"就已应运而生；到了古罗马时期，"一个有序运营的出版行，可在几天之内，便将一本新书的数百册抄本投入市场"[1]。书籍扩散的范围亦很惊人，贺拉斯"曾自豪地表示，在博斯普鲁斯海峡两岸，在高卢、西班牙、非洲，以及庞大帝国的其他地区，到处都有人传颂他的诗歌"，奥维德"则在遭遇流放期间自我安慰：'我写的东西，从东方到西方，通达全世界。'或又曰'我是世界上读者最多的作家'"。[2]贺拉斯和奥维德的言论，也从侧面证明皮纳抄本"复制"能力实在不容小觑。对于出版及其社会效应的研究，有"外部视角"与"内部视角"之分。所谓"外部视角"，是把复制技术这个持续演变着的"外部因素"看作出版实践生成、扩展的核心要素给予把握，进而将书籍及决定其生产细节的技术要素，置入媒介流变之中给予分析，爱森斯坦与麦克卢汉正是从此一视角切入，分析媒介（技术）对人们日常精神生活乃至社会变迁的影

---

① 　H. L. 皮纳：《古典时期的图书世界》，康慨译，第 51、64 页。

② 　同上，第 66—67 页。

响。在这种理论脉络中，至少在他们这些学者看来，现代社会形成和演变的过程中，活字印刷术就变得极为"触目"。近二十年来，传播学乃至更广泛的文化领域中"媒介"的凸显，无疑更加剧了这种趋势。更进一步看，此类研究取向，也使出版史甚至是古典学研究领域的"内部视角"遭到忽视。前述皮纳的著作以及英国的弗雷德里克·G. 凯尼恩（Frederic G. Kenyon）、雷诺兹（L. D. Reynolds）、威尔逊（N. G. Wilson）、罗伯茨（Colin H. Roberts）、斯基特（T. C. Skeat）从某种程度上而言，局限于古典学研究领域，尚未在出版界引起足够重视，近二十年来从"外部视角"探讨印刷书者，对此也关注不够；而治出版史者，侧重对史料的发掘（当然可取），而理论建构意识不强，常常遭遇如古典学者同样的命运。这就不难理解，在近些年的研究中，古典学者和出版史学者的论著并未得到应有的重视，而从"外部视角"研究印刷与出版的论著从很大程度上掩盖了上述研究者著述的光辉。但综合二者的研究，我们会发现，"出版"有其内在的连续性，这种连续性表现在知识的生产中，也体现于知识的扩散中，它并不以谷登堡活字印刷术为界，谷登堡活字印刷术出现之前的出版，不仅源远流长且传统悠久，为后世的出版，特别是出版观念确立了诸多典范。这些传统与典范，不仅不应该被"媒介转向"淹没、遮蔽，而且值得我们花气力去发掘、去表彰，因为它们关心出版业的未来走向与命运。

　　概而言之，人们对"出版"的看法有"窄化"与"泛化"两种倾向。前者囿于时代局限与认知惯性，或将"出版"等同于书籍、报纸、期刊等媒介，或将其看作谷登堡活字印刷术的"产物"；后者或者将出版无限扩充，仿佛所有的数字化传播均可纳入"出版"之中。这些观点或许各有其道理，但不约而同忽略了作为文化实践的出版所具有的内在连续性、特质及其价值追求。

二 系统化、智识性知识的生产与传播：出版的内在特质

对于出版，《辞海》给出的定义言简意赅："编辑、复制作品并向公众发行的活动。"[①]依照其界定，出版的对象是"作品"，但究竟是什么作品，并未深究。若依此言，上述"泛化"的出版观念便是成立的，不仅互联网期刊、电子书等可以看作出版，网络游戏、网络动漫、互联网广告也都是"作品"，自然也就可以称之为出版。那么，为何还要"网络游戏""网络动漫""互联网广告"这样的称呼？近几年来，有研究者将"知识生产"看作"出版的最重要功能"，认为"出版"有"汇集、交融知识以及推动新知识生成的优势"。[②]与之相近，也有研究者将"出版"看作"以一种社会知识生产和公开化的实践"[③]，"一种基础性的人类知

[①] 辞海编辑委员会：《辞海（第七版）》缩印本，上海辞书出版社，2022 年，第 294 页。

[②] 黄旦：《重构"谷登堡星汉"》，《现代出版》2020 年第 1 期。

[③] 孙玮、李梦颖：《数字出版：超文本与交互性的知识生产新形态》，《现代出版》2021 年第 3 期。

识生产实践"①。相比《辞海》的界定，"知识说"似乎更能直抵出版的本质。但是，究竟是何种"知识"，作为"知识生产与传播"的出版实践，与其他类型的文化实践活动又有何差异，既往的研究大多并未深究。

"知识"是一个比"出版"更古老的概念，正如罗素所言，"'知识'是什么"这个问题"并不是一个具有确定和毫不含糊的答案的问题"。②早在古希腊时期，柏拉图就区分了"知识"与"意见"，认为二者基于不同的东西，拥有它们需要不同的能力，并将"知识"与"智慧""真理"等同起来。③康德则指出："用来把一个对象与另一个对象区别开来的那些观念的意识是明白，而使诸观念的组合也变得明白的意识叫作清晰，只有后者才使诸观念的一个总和成为知识。"④无论是柏拉图与智慧、真理相契合的"知识"，还是康德通过观念组合总和而成的"知识"，从中我们会发现，"知识"不是一个显而易见的东西，它必须通过对存在的直观而达成，但是仅仅有直观这个过程还远远不够。因此，无论是观念组合的总成，还是智慧与真理，都需要更多的思维活动才能达致。在当代的知识论研究者看来，这更多的思维

---

① 常江、朱思垒：《作为知识生产的数字出版：媒介逻辑与文化生态》，《现代出版》2021年第5期。

② 罗素：《人类的知识——其范围与限度》，张金言译，商务印书馆，2012年，第205页。

③ 柏拉图：《理想国》，何祥迪译，云南人民出版社，2021年，第244—250页。

④ 伊曼纽尔·康德：《实用人类学》，邓晓芒译，上海人民出版社，2005年，第16页。

活动有"知觉、记忆、证词、内省、推理和理性洞察"①，它们共同构成了人类知识的来源。

　　从思维的多样性来看，人类知识来源的多元使得知识的呈现样态必然有所不同。从这个角度看，柏拉图将知识看作智慧、真理的化身未必可靠，特别是，以当今的眼光看，"意见"何尝不是一种特定形态的知识。康德诸观念组合总和而成的知识论，因其有一定的开放性，倒值得重视。无论如何，从人类知识史的形成与演变看，至少可以有如下三种不同类型的知识：其一是混杂的、直观性的知识，其二是系统化、智识性的知识，其三是数据化、易变性的知识。具体而言：（1）混杂性、直观性的知识，来自人类通过身体器官和心理感受对事物的直接知觉而获得的东西，它是对存在的直观。从某种程度上看，它可被理解为"对象性的把握"，"在这个意义上，被意识到的还并一定是被知道的"。②在威廉·詹姆斯看来，这是一种"相识的知识"（knowledge of acquaintance），是"对一个对象的单纯心理拥有或者感受"。③与康德类似，他认为这种"相识的知识"相对于清晰的思想而言，是不够清楚的。由于世间的存在者是多样态的，而作为此在

---

① 理查德·费尔德曼：《知识论》，文学平、盈俐译，中国人民大学出版社，2019年，第235页。

② 倪梁康：《胡塞尔现象学概念通释》，生活·读书·新知三联书店，2007年，第525页。

③ 威廉·詹姆斯：《心理学原理》第一卷，方双虎等译，北京师范大学出版社，2019年，第236页。

的人类的直观能力又存在诸多个体差异和认知环境的不同，这种直观性的知识往往是混杂的、片段式的。因此，罗伯特·帕克也将这种知识看作直觉的、常识化的"非正式知识"[①]。（2）相比前一种形态的知识，系统化、智识性的知识，不是简单的直观可以获得的，它通常需要在直观的基础上，有更多的思想性的思维活动（诸如费尔德曼所说的"证词、内省、推理和理性洞察"）才能达致。与混杂的、直观性的知识相比，它更具思想性，接近柏拉图所说的"智慧"，因此它是智识性的；它也不再局限于直观基础上对单一事物的直接感受，而是对事物进行关系性的洞察与反思，形成了观念组合的脉络，知识有了条理与逻辑，形成了架构，因此，它又是系统化的。詹姆斯将这种类型的知识称之为"相知的知识"（knowledge-about），这种知识不只满足于对自己的了解，而且看重对自身的深入分析以及自身与其他事物之间关系的分析，与"更简单的思想相比"，它是复杂的。[②]帕克称这种知识为"正式的知识"[③]。（3）与第一种形态的知识不同，数据化、易变性的知识并非来自直观，而是思维运作后的产物；同时，与第二种形态的知识奠基于思想不同，它奠基于信息。因此，数据化、易变性、信息性等特质就成为它的显著特征。

[①]　Robert E. Park, "News as a Form of Knowledge: A Chapter in the Sociology of Knowledge", *American Journal of Sociology* 45, no. 5 (March 1940): 669–686.

[②]　威廉·詹姆斯:《心理学原理》第一卷，方双虎等译，第 236 页。

[③]　Robert E. Park, "News as a Form of Knowledge: A Chapter in the Sociology of Knowledge", 669–686.

　　出版生产和传播的知识是系统化、智识性的，这使它与其他文化实践活动有了本质的区别。之所以说出版的知识是系统化、智识性的，是因为经过出版而生成的知识是前述所说的在初始"直观""知觉、记忆"等基础上的进一步提炼，是经过了充分"内省、推理、理性洞察"的结晶。从出版实践看，这种系统化的知识至少又有微观和宏观两种表现形态。（1）从微观角度看，单一的出版物是系统化的知识呈现。古希腊的荷马史诗在当时一度是游吟诗人在繁华都市与偏郊僻壤口口相传的作品，游吟诗人们常常将其中的一个个片段在不同的地方进行口头传播。但经过整理、出版，荷马史诗形成了大致清晰的文本。菲利普·扬（P. H. Young）认为，荷马史诗的不同形式的"定本"可能是口头传播与写本共同作用的结果。[1]弗雷德里克·凯尼恩则认为，荷马史诗先有写本，后有口头流传："《伊利亚特》和《奥德赛》是以文字书写的形式撰作的，而且有其抄写副本以便游吟者记诵同时控制其讹变。"[2]无论如何，总是存在一个或多个作为出版品的荷马史诗抄本。与口头传播这样文化传播形式相比，这种经过出版的知识是集成的，更具条理性。集成性与条理性因此成为出版的重要属性，在延续中不断扩展的中外出版实践都体现了这一点。例如，在15—18世纪的欧洲，印刷商印

---

[1]　Philip H. Young, *The Printed Homer: A 3000 Year Publishing and Translation History of the Iliad and the Odyssey* (Jefferson: McFarland & Company, Inc., 2003), 26–46.

[2]　弗雷德里克·G. 凯尼恩：《古希腊罗马的图书与读者》，苏杰译，浙江大学出版社，2012年，第39—42页。

制的主要商品是大众读物、骑士冒险故事和教科书[①]，这些商品都是提供的系统化的知识。即使是大众读物中的历书、祈祷书、宗教小册子等，也并非草率之作，各有其知识脉络。又如，兴起于宋代的话本，繁盛于明代的绣像小说，虽是大众文本，也基本具备知识系统化的特征。（2）从宏观层面看，出版将分散的知识体系化，构建了人类社会的知识之网，促成了人类社会新的文明。例如，欧洲文化史上的文艺复兴、启蒙运动展开的过程，同时也是出版打造知识体系、扩散新知识体系的过程。欧洲人文主义复兴之时，德意志的阿默巴赫出版了大量基督教教父的作品，意大利的阿尔都斯·马努蒂乌斯则在君士坦丁堡陷落之后，"以发行正确版本的新编希腊罗马经典为职志"，致力于希腊文作品的发掘与出版，"亚里士多德、亚里斯多芬、修西提底斯、索福克勒斯、希罗多德、色诺芬、德摩斯梯尼、埃斯基涅斯，以及柏拉图等人的著作"，在他的努力下大放光彩，法兰德斯的贝德同样也出版了大量希腊罗马作家的作品。[②]从小的方面看，出版商将同一学科的古今文本同时刊布，使得某一学科的知识系统化。例如，16—17世纪，托勒密的《至大论》《四书》等古典天文学著作与伽利略的《关于托勒密与哥白尼两大世界体系的对话》《关于两门新科学的对话》的先后出版，就极大促进了天文学的发展。值得特别指出的是，从上述对系统

[①] 费夫贺、马尔坦：《印刷书的诞生》，李鸿志译，广西师范大学出版社，2006年，第214页。

[②] 同上，第137—141页。

化、智识性知识的界定看，即使是我们如今划为娱乐性文化商品的漫画、小说等，虽然大都具有明显的娱乐色彩，似乎掩盖了其知识性的一面，但究其实质，在娱乐的表象之下，它们亦是"证词、内省、推理和理性洞察的思维活动"，可以说是"娱乐为表，知识为基"的文化商品，也可将之看作出版实践中系统化、智识性知识的一种特定类型。

如果说，我们可以将系统化、智识性的知识看作由思想奠基的知识类型的话，那么，还有一种由信息奠基的知识类型，它既不属于系统化、智识性的知识，也不属于混杂的、直观性的知识，而是介于二者之间。此类由信息奠基的知识类型，最具代表性的是新闻（news）。是由思想奠基还是由信息奠基，成为这种知识类型差异的来源，也是我们区分出版与新闻的重要标准。由信息奠基的知识，其中有三个必不可少的要素：数据、信息、知识，三者不同却又密不可分。简单讲，从数据到信息，再到知识，存在一个逐步奠基的关系层级。有研究者就认为，数据是人脑接受对象物刺激的产物，是人脑生成信息的基础；信息可以用于人际间的交流；而信息与旧思想、旧经验的结合，则会产生知识。从数据—信息—知识的三重层次可以看出，与混杂的、直观的知识相比，由信息奠基的新闻知识是有秩序的；与系统化、智识性的知识相比，由信息奠基的新闻知识又是多变的、不稳定的。这些特征，在新闻这种知识产品中表现得非常突出。信息是人类对某物某事认知之后（形成数据）形成的虚拟存在，它同时又是具体的，总是对于"某事某物"的认知。新闻也与信息的这个特质极其相似，它往往关注的是"引起突然和决定性变化的事件"，其独特之处在于，"一旦讨论开始，所讨论的事件很快就不再是新闻"，"新闻的功能是在现实世界中引导人和社会"。[①]既然与具体的"事件"相连，又致力于引导人与社会，而"人与社会"和"事件"一样是变动不居的，因此，"信息"就成为新闻存在必不可少的要素。正如鲁曼所说，对于新闻而言，"讯息/非讯息"的区分至关重要，"讯息不能被重复，一旦它成为一个新闻事件，它就成为非讯息了"[②]。从某种程度上将，新闻就是追逐"信息"（讯息）的活动。

　　新闻的这种特质，使它成为明显有别于出版的知识类型。其实，电子媒介出现之前，信息与知识的区分即已存在，只是人们对此习焉不察，这也导致我们不明智地采用了"报纸出版"这个词汇。或许，这和报纸起源于书籍出版业有关——新闻业甫一出现时，拥有较广泛读者的新闻小册子大都是书商所为。这类新闻小册子，虽然形式上不是新闻纸，但实质上与现代新闻最为相近。客观地讲，报纸之中非新闻类的知识产品可以看作出版，但那并非报纸的主流。与之相似，"期刊出版"也是一个含混的概念，虽然大部分期刊的确属于出版，但也有相当数量的期刊从事的是新闻生产。在当下的数字时代，除了新闻业，其他

① Robert E. Park, "News as a Form of Knowledge: A Chapter in the Sociology of Knowledge", 669–686.

② 尼克拉斯·鲁曼：《大众媒体的实在》，胡育祥、陈逸淳译，左岸文化，2006年，第53页。

奠基于信息的产业门类亦很多，例如游戏产业以及诸多信息平台，但它们生产和传播的都并非"系统化、智识性"的知识，也多被归入"出版"，从知识类型上看是没有道理的。概而言之，新闻业从事的奠基于信息的知识生产与传播活动，无论它是报纸或期刊的形式出现，抑或是当下以数字化的面目出现，都和出版有着显著的差异。因此，笼统地将报纸和杂志称作"报纸出版"与"期刊出版"，其实有些草率，忽视了二者之中尤其是报纸主要是以传播新闻的面目出现的。人类在报纸、期刊领域的文化活动可以是出版实践，但不一定也不必然是出版实践。进而言之，知识实践是一个远比出版实践更广阔的范畴，报刊是知识实践的载体，却并不一定是出版实践的载体；以媒介划分出版，会造成相当明显的混乱，而以知识类型界定出版，则更为合理。

三　中介化的知识生产与传播：出版价值的保障机制

系统化、智识性的知识生产与传播，并非轻易就能达成，特别是当我们将出版看作一种由思想奠基的知识类型的情况下，作为中介的知识加工者和作为组织传播的出版者，就成为必不可少的环节。从某种意义上，甚至可以说，"无中介，无出版"。

在这个数字技术无远弗届、近乎统领整个文化生产场域和传播时空的情况下，依然将"中介性"看作出版的必备要素，似乎大谬不然。有研究者就指出，数字出版形成了超文本，超文本环境压缩了出版业把关流程，"网站注册向所有组织和个人开放，网页制作的技术和经济门槛远低于发行渠道，作者拥有了更多绕开出版业把关流程并自由发布文稿的权利"[①]，好像没有中介，出版依然可以实现。还有研究者认为，"数字出版造就的知识生成新形态，不仅仅体现为出版主体打破专业垄断、向公众敞开的社会政治意义，更体现为个体的新型存在方式，个体与社会连接的崭新关系"；"由于数字技术的广泛应用"，"出版制品的消费者转向生产者，因此模糊、动摇甚至消解了出版业的专业边界"[②]，似乎作为专业知识生产与传播组织的出版业已没有多大存在的价值。若说数字技术造就了"知识生成新形态"，形成了"个体与社会连接的崭新关系"，的确是经验可查的事实，但若说包括"超文本""绕开把关流程自由发布文稿"，甚至是"消解了出版业的专业边界"，恐怕还需斟酌。从数字技术自身的特质看，它确实可以使个体轻而易举地在人类当下构建的意义之网中绕开所有看上去是"障碍"的中介因素，但作为知识生产手段的数字技术，它天然地与信息的生产与传播相契合，凭借它生产和传播的基本上都是"混杂性、直观的知识"和由信息奠

---

① 常江、朱思垒：《作为知识生产的数字出版：媒介逻辑与文化生态》，《现代出版》2021 年第 5 期。

② 孙玮：《论数字技术的出版风暴——一种技术哲学的视域》，《现代出版》2022 年第 1 期。

基的知识。依照塞尔的说法，"获得知识就在于拥有真的表征使我们可以给予某种证明或证据。因此，按照定义，知识在认识论意义上是客观的，因为知识的标准不是任意的，它们是非个人的"①。这类非"个体化"且有其"标准"的"客观"的知识，正是出版实践所能达成和追求的知识。它的实现，通常离不开"中介"作用。

首先，出版的中介作用体现在出版者对有潜力的知识文本的发掘上。在中西方的知识史上，通常被放大并给予关注的首先是作者，似乎有了作者，就有了出版品的流传。虽然作者是知识文本的直接创造者，但很多时候，若非出版者的努力，就不可能有作品的出版。有的作者虽然创作力旺盛，却无意于出版，是出版者的执着，才使得作品面世。美国学者戴维·卡斯顿就认为，"莎士比亚成为一个文学人物，最终成为全球性的重要人物，应该归功于印刷商和出版商的种种活动，而不是他本人的抱负"②。在有生之年，莎士比亚都是作为戏剧人物而存在的，他关注的是舞台演出，对于他的戏剧作品的出版毫不在意。在世时，"他的三十七个剧本仅有十八个发表过，但其中没有一个版本莎士比亚公开表示过是他自己的"③。作为出版品流

① 约翰·R. 塞尔：《社会实在的建构》，李步楼译，上海人民出版社，2008 年，第 127—128 页。
② 戴维·斯科特·卡斯顿：《莎士比亚与书》，郝田虎、冯伟译，商务印书馆，2012 年，第 5 页。
③ 同上，第 56 页。

传后世的莎士比亚剧作，是出版商在设法谋得的莎剧手稿或在剧场记录的文本上整理出版的。可以设想，若非有出版这个中介，生动刻画人间万象、人情冷暖的莎剧或许在16、17世纪随着莎士比亚的辞世和戏剧演出的沉浮而销声匿迹了。还有的作者，虽有创作才华，但并不清楚自己的努力方向，是出版者的点拨点醒了"梦中人"，不仅成就了可能无缘创作之路的作者，也催生了影响深远的作品。20世纪60年代处于演艺高峰期的约翰·列侬本无意于创作，偶然的机会，乔纳森·坎普出版公司的汤姆·麦奇勒读了列侬发表在报章的诗歌，说服他进行创作，后者完成了《亲笔集》(*In His Own Write*)，于1964年由坎普出版公司出版，幽默的书写，让人认识到一个与众不同的列侬。……总体而言，作为知识生产中介的出版者，从某种程度上而言可能比作者自身更了解作者。因为作者是在"市场"中成就的，而处于知识创作端的作者，对"知识市场"的熟悉和把握程度，远远比不上出版者。正是出版者这种作者与知识市场之间的中介作用，让无数有可能无缘于"知识市场"的文本进入世人的视线。

　　其次，出版者和编辑，对文本进行知识层面和表现形式层面的处理与加工，使其形成更加精准、更利于传播的知识商品。谷登堡活字印刷术发明之后，作者在知识生产中的地位日益突出，在很大程度上掩盖了知识生产链条上其他必不可少的关键环节，作为知识加工的首要参与者的编辑及其角色，反倒被淹没在历史的烟尘之中。其实，作为知识生产中介的编辑与作者、出版者一起，承担起将文本系统化、精确化的职责，极大地推动了人类知识边界的拓展。从知识本身来讲，任何知识的拥有者的视野都是有限的，创作的文本总难免会有这样那样的缺失，编辑出版者能够利用自身的专业优势，弥补作者的不足。从中国古代的出版实践看，编辑环节虽然有时隐而不彰，但其重要性一直为历代出版者所看重。依卢前的考证，古代出版，"一书之成，自定稿以致装订，其步骤十五。曰：选科，写样，初校，改补，复校，上版，发刀，挑刀，打空，锯边，印样，三校，挖补，四校，印书"[①]。这十五个环节中，虽然没有提及"编辑"这个现代出版的观念，但其中的诸多环节以及此处未提及的古代校雠，都含有编辑因素在其中。宋代的私宅家刻书极为盛行，特别是在福建、江西等地，读书人刻书成为风气。这种刻书活动不以商业盈利为目的（当然也不排斥获利），出发点是为传播知识而精编精校个人著述及经典文本，从某种程度上类似当下的"自出版"。但是，这种类型的"自出版"依然重视编辑出版者的作用。朱熹晚年曾在建阳崇化刻书，而其门生后学蔡元定、林择之等人则担任编校工作。[②]中国如此，国外亦然。欧洲启蒙运动的标志性出版物《百科全书》，是欧洲文化史上了不起的文化集成之作，对现代文明开启居功至伟。《百科全书》的出版，当然

---

① 卢前：《书林别话》，参见叶德辉：《书林清话》，上海古籍出版社，2008年，第261页。

② 李致忠：《中国出版通史·宋辽西夏金元卷》，中国书籍出版社，2008年，第111页。

少不了狄德罗、若古、杜尔哥、孔多塞、达朗贝尔等这样一批伟大的启蒙者的创作之功，但也离不开出版者的执着与编辑者的努力。出版商杜普兰四开本《百科全书》就曾聘请拉塞尔和里昂科学院的研究者担任编辑；而对《百科全书》更重要，同时也是对开本《百科全书》的出版者庞库克则聘请了他的姻亲、法兰西学院院士苏阿尔主持编辑工作，并由后者组织了一个编辑组。①事实上，在《百科全书》编纂、出版的过程中，狄德罗这样的作者，也曾以编辑角色投入其中。从作者到读者，编辑是可见（其思想的轨迹呈现于最终的文本中）又不可见（无人知晓）的"媒介"，他们成为知识链条中不可或缺的一环，同时又隐藏于作者和文本之后。但是，编辑出版者的"中介"价值随着知识的迅速扩充而更加凸显。当今时代，即使再博学抑或再专业的写作者，在内容生产方面，也常常需要编辑出版者的助力。著名编辑家周振甫所编钱锺书《管锥编》《谈艺录》的审稿记录三万余言，这些文字，仅有少量是标点等规范性差错，绝大部分都是专业文史知识方面的辨正。②钱锺书在两书序中赞周振甫"小叩辄发大鸣，实归不负虚往"，"诵'卯须我友'之句，欣慨交心"，诚非虚言。通过"中介化"的编辑活动，提升知识的"纯度"，成为中外出版工作中重要的环节。从知识的表现形式和呈现方式

---

① 罗伯特·达恩顿：《启蒙运动的生意：〈百科全书〉出版史（1775—1800）》，叶桐、顾杭译，生活·读书·新知三联书店，2005 年，第 43—54、76—84 页。
② 徐俊：《翠微却顾集：中华书局与现代学术文化》，中华书局，2021 年，第236—306 页。

上看，编辑出版者比作者更专业，他们的工作能够使知识商品在信息海洋中突围，更加凸显，更有可能获得广泛传播的机会。传播技术的扩充，使知识扩容提速。在如此浩瀚的知识市场上，知识产品若想凸显出来，没有编辑出版者的工作，是很难想象的。作者拥有的是知识，创作的是文本，但最终流通于知识市场上的是知识商品——容纳了包括作者文本在内的多元文本，编辑出版者制作生成了作者文本之外的文本——"副文本"（诸如标题、摘要、注释、封面、插图、书系及其设计、物质材料等），可以激发知识产品得到更好的传播。在热内特看来，"副文本"最重要的属性，是它的"功能性"。相较于文本本身的"不变性"以及不能很好地适应"公共空间与时间"变化的属性，"副文本"具有更强的"灵活性""通用性"，它是可变的，是"适应性的工具"，可以轻而易举地将读者从一个世界（现实世界）引入另一个世界（抽象的虚拟世界）。[1] 通常以为，专业出版、教育出版更需要编辑出版的加持，大众出版则无须编辑出版的"中介"。特别是，很多人认为，在数字化时代，写作者自身就是出版者，通过数字媒介—网络的书写过程，同时就是"出版"过程。其实不然。2000 年，斯蒂芬·金以《骑弹飞行》首先"试水"无中介（其实依然是通过斯克里布纳出版公司的网站发布的）发表小说，大

---

[1]　Gérard Genette, *Paratexts: Thresholds of Interpretation*, translated by Jane E. Lewin (Cambridge: Cambridge University Press, 1997), 407–408. 更进一步的研究，亦可参见 Helen Smith and Louise Wilson eds., *Renaissance Paratexts* (Cambridge: Cambridge University Press, 2011)。

获成功（首日即被下载—购买 40 多万次）。即使如斯蒂芬·金，在互联网发布这篇小说的同时，也表示没有什么可以取代实体书。2013 年，他的小说《乐园》（*Joyland*）根本就未授权数字版权。2014 年，金在接受访谈时表示，尽管电子书有很多"花哨的功能"，但没有什么能取代实体书，实体书会存在"很久、很久"。① 虽然斯蒂芬·金并未对这种观点做更多的申述，但从出版实际经验的角度看，编辑出版中"副文本"的功能的确会使实体书自有其力量。20 世纪 60 年代，威廉·夏伊勒研究纳粹德国的力作花落西蒙·舒斯特出版公司。编辑戈特利布看到即将出版的这部著作的清样，很不满意，将其中的三个"副文本"进行了大幅调整：将看上去灰头土脸的装帧设计推倒重来，黑色的封面衬上醒目的白色纳粹标志；把原本的书名《希特勒的噩梦帝国》（*Hitler's Nightmare Empire*），改名为《第三帝国的兴衰》（*The Rise and Fall of the Third Reich*）；出版形式由两册 15 美元，调整为一册 10 美元。② 经过这样的"副文本"设计，夏伊勒的这部著作成为那个年代美国备受争议又受到长久瞩目的历史作品。1973 年，由大卫·佩勒姆（David Pelham）设计的企鹅版《发条橙》（*A Clockwork Orange*），那个戴着黑礼帽、有着一只齿轮眼睛的人物形象立在封面之上，令人过目不忘，几乎成了《发条橙》的代表符号。苏格兰启蒙运动期间，启蒙书商常常会花高价聘请画家

---

① Chris Branch, Stephen King, "I Think Books Are Going To Be Here For A Long, Long Time", https://www.huffpost.com/entry/stephen-king-books-amazon_n_5878284.

② Robert Gottlieb, *Avid Reader: A Life* (New York: Farrar, Straus and Giroux, 2016), 81-82.

为作者画像，并请雕刻师刻板印于书名页之后，亦是以"副文本"的举措，彰显作者之名，推动书籍引发知识市场的关注。除了单本作品的"副文本"，编辑出版者还会将作品系列作化，彰显"副文本"的价值，雷克拉姆呈现德国文化精髓的"万有书库"、苏尔坎普彰显欧陆思想的"彩虹书系"、企鹅出版公司拓宽大众市场的"企鹅丛书"，乃至培育一代日本国民精神的"岩波文库"，都是经典范例。

在当下的出版实践中，编辑出版这个环节常常为看作知识流通的"障碍"。但作为"中介"，它不仅仅是"障碍"，也是知识"交通"的"媒介"。数字技术的洪流，正在造就"实体的黑夜"，"无法再想象者，于此而生，因为再无一物可想象之处，便是数据处理之所"。① 在这种情况下，所有媒介的吸引力都被稀释，一种媒介吸引力的增强，伴随而生的是其他媒介涣散力的增生。知识市场的竞争，并不是非此即彼的简单博弈，而是多元媒介争相角力的场域。任何一位作者，面对的不仅仅是面目模糊的所谓社会与公众，他（她）还面对着无数个竞争社会资源和争取同样的公众群体的其他作者；任何一个文本，也不只是一个已然凸显的文本，它需要在千万个文本之中突围。换言之，任何的个体作者和单一文本，都是知识市场上的一个点，他们需要与其他的点（知识市场上繁多的个体、组织机构及其背后

---

① 弗里德里希·A. 基特勒：《实体之夜：弗里德里希·基特勒论文选辑》，李双志译，上海社会科学院出版社，2019 年，第 2 页。

的种种社会资源）确立联结、建立关系，只有如此，才有可能真正在知识市场中凸显。在这种情况下，编辑出版者的"中介"作用，将是知识商品赢得注意力、获得知识市场地位的有力保障而非障碍。

四　在传播中传承：作为文化之源的出版

有研究者指出："在数字时代，知识生产的目的不再是维系知识的权威性而是强化知识的流动性，知识生产的手段从专业导向转变为兴趣导向，知识生产的结果则是塑造一种去中心化的人类认识论结构。"[1]这种观察，确实反映了数字时代知识生产的一种样貌，即人类此刻的兴趣点似乎的确转向了知识的"流动与传播"，但我们需要反思的是，流动的知识从何而来？缺乏了权威性的知识支撑的"知识"如何流之长远与久远？如果人类社会的知识生产真的不再维系"权威"，而只是看重流动性，人类社会的知识图景又将如何？

在德布雷看来，传播"是一定时间内的信息流通"，"是长期过程中的瞬间和广泛集合体中的片段"，传承则是"广泛的集合体，是所有的集体记忆，是在实践中传递信息，是在不同的

---

[1]　常江、朱思垒：《作为知识生产的数字出版：媒介逻辑与文化生态》，《现代出版》2021年第5期。

时空范围内进行的长时间的传播活动"，"是一种相互联系、具有认同感的结构"。① 从中可以看出，传播与传承不同，前者看重的是短时段的信息流通，所传播的信息缺乏完整性；后者则强调长时段的传播，力图通过这种跨越时空的传播，使更加完整的信息得以传递下去。特别值得一提的是，作为"相互联系"且"具有认同感的结构"，它不是一蹴而就的，而是不断淬炼的结果。

在这个意义上，出版通过知识的不断加工与持续提炼，构造出固化的"权威文本"，从而实现了文化传承，进而成为不同时代的文化之源。伊丽莎白·爱森斯坦认为，在早期近代欧洲的知识传播与文化变革过程中，印刷术使"文本"能够以固定的形态被生产出来，印刷术的固化功能对欧洲文化产生了不容忽视的影响。在她看来，印刷术的固化功能使"语言的习惯用法标准化"，"促进了拉丁语基督教世界的永久分裂"，同时，"在许多活动领域都产生了偏离先例的新倾向，其标志是更加明确地承认个人的发明，是宣示发明、发现和创造"。② 这些功能固然重要，但是"文本固化"还有一项重要功能，爱森斯坦并未提及，那就是印刷文本固化的过程，其实也通常是一个构造权威文本的过程，特别在经典文献的出版方面更是如此。上文提及的阿尔

---

① 雷吉斯·德布雷：《媒介学引论》，刘文玲译，中国传媒大学出版社，2014年，第15页。

② 伊丽莎白·爱森斯坦：《作为变革动因的印刷机：早期近代欧洲的传播与文化变革》，何道宽译，北京大学出版社，2010年，第69—70页。

都斯·马努蒂乌斯本身就是一个训练有素、学养颇佳的饱学之士，而且他还邀请伊拉斯谟这样的硕学鸿儒共襄盛举，所付梓的书籍，都是精雕细琢之作。而对于古代中国的出版而言，有识之士更是将版本目录、校勘校雠等看作名山事业，没有半点马虎。其实，"文本的固化"，并非自印刷始，抄本时代亦然。托马指出，自十三四世纪始，欧洲大学渐次兴起，新的阅读群体迅速形成。为应对此种局面，大学当局设立了大学书商、书贾这样的职位，获任者必须通过大学的面试，"确认其名声良好并具专业能力"；他们的职责是为大学所用书籍提供和保管"原册"，他们"应缜密检查所有重要著述的文字正确性，不允许任何疏漏或错误导致意义上的扭曲"。[①] 大学书商主导的此种依靠"原册"生产书籍的过程，其实也是一个"文本固化"的过程，虽然它可能做不到印刷术固化那样的精确。但在确保文本的权威性上，二者则有异曲同工之处。英文的"文化"（culture）一词起源于 15 世纪，来源于拉丁文 *cultura*。它具有"栽种""照料"之意，拉丁文 *cultura* 和英语 culture 的主要意涵"是在农事方面照料动植物的成长"，"一直到 18 世纪，culture 总是伴随着一个含义，指的是'正在被栽培或培养的事物'"。[②] 总之，它强调的是一个过程，这种对过程意涵的强调也被引申到现代文化之中。以文化的此

---

① 托马：《手抄本》，参见费夫贺、马尔坦：《印刷书的诞生》，李鸿志译，第 12—13 页。

② 雷蒙·威廉斯：《关键词：文化与社会的词汇》，刘建基译，生活·读书·新知三联书店，2005 年，第 101—104 页。

种含义看，出版史上对权威知识文本的淬炼，正契合文化的"栽培、培养"意涵以及对文化过程性要素的强调。从知识生产的实际情况看，出版也确是培育文化的沃土。

数字时代的来临，正在改变传播格局，出版强调传承的角色也日益面临挑战。陈卫星认为，"传递是一个技术、社会和文化性质的，复杂、多重的网络"①，又因为意义的流通手段是多元的，因此，复杂意义网络中的传播、传递，就充满了暗礁与竞争。尤其值得指出的是，这个时代正在发生明显的"媒介转向"，三个广义上的媒介域——逻各斯域（文字）、书写域（印刷）、图像域（视听）②——的位置放生了剧烈变动，图像域势不可挡地超越甚至正在将逻各斯域与书写域边缘化。这就导致知识市场上"信息霸权"现象的出现，所有类型的知识，只有通过"信息"这个入口才有可能进入知识市场。正如利奥塔所观察到的，"信息机器的增多正在影响并将继续影响知识的传播"，"在这种普遍的变化中，知识的性质不会依然如故"，"知识只有被转译为信息量才能进入新的渠道，成为可操作的"。③

对于以系统化、智识性知识为主导方向的出版而言，这个局面是极为不利的。如前所述，数字技术更易于传播的是信息，

① 陈卫星：《传播与媒介域：另一种历史阐释》，《全球传媒学刊》2015年第1期。
② 雷吉斯·德布雷：《普通媒介学教程》，陈卫星、王杨译，清华大学出版社，2014年，第201、272、454页。
③ 让-弗朗索瓦·利奥塔：《后现代状况：关于知识的报告》，车槿山译，生活·读书·新知三联书店，1997年，第2页。

而非知识。数字技术，对于出版而言，更有可能利用的或者说更能彰显价值的，是在传播环节，而非生产环节——出版的数字化传播的前提，是已经拥有了有价值、可作为文化资源的知识产品，这是出版数字化所不得不依凭的原始资源——这是知识生成和传播的"底层""基质"。数字时代，出版业面临的危机，一是在传播格局中的被动，二是在传播格局中的边缘化。二者密切相关，出版产品的特质，使它与其他的文化产品相比，虽然更有价值，但被消隐在当下的音视频的肤浅信息洪流之中。当前，人们欢欣鼓舞的是，社会个体似乎获得了传递自己声音、创造自己出版的机会，可以利用数字技术进行"超文本"创作，"出版"自己的知识产品。从历史的发展看，这样的"超文本"早就存在了。在早期的抄本时代，同一个知识产品，通常会有诸多不同的版本，也各自拥有不同的传承脉络，之所以会出现这种状况，主要在于同一个文本在传抄过程中，不同的参与者会有意无意加入自己与他人的创作，使文本遭遇"污染"，形成多个"污本"。其中，最显著的事例就是基督教经典圣经。[①] 可以说，圣经的流传史，就是通过"互文性"打造"超文本"的过程。只是，那时囿于技术，参与者寡。但无论如何，那种情境下形成的"超文本"依然是具有相当知识含量、可以传之久远的知识产品。如今，网络平台资本左右了文化趣味，书籍出版这种系统化

---

① 可参见巴特·埃尔曼：《错引耶稣：〈圣经〉传抄、更改的内幕》，黄恩邻译，生活·读书·新知三联书店，2013 年；詹姆斯·塔博：《耶稣与保罗》，黄中宪译，猫头鹰文化事业有限公司，2014 年。

知识的出版形态让位于视听媒介。后者为吸引粘住接受者，增添了很多游离且无价值的元素，就如增加了多种食品添加剂的食物，于人无益。数字技术环境中超文本的操作者们可能只能称为"抄书人"或者"编纂者"，大多是在既有的已经出版的"原始资源"之下的"传播"而已，真正能够创建出系统化、智识性知识文本的少之又少。而且，数字技术的大资本、高投入，使平台拥有了"信息入口"的主导权和垄断权，对于个体而言，恐怕以往传统的知识生产途径反而更具"民主"色彩。

在数字时代，置身于数字技术之外是不现实的。作为文化之源的出版，只有与数字技术共舞，释放出数字技术自身的传播力量，才能真正担负起文化之源的角色。数字技术有一项非常重要的功能——"索引"——正在成为系统化、智识性知识传播的有力工具。"索引"，"与它所指向的事物有一种自然的联系，但不是事物本身"，"他们指出了自己之外的东西"，"数字媒体不仅索引了我们的世界，也索引了所有已知的可能的世界"。①数字技术构建的信息传播网络，也是一个"索引之网"，出版商能否在这个网络中占据关键的节点，让用户经由"索引"之通道，抵达系统化、智识性知识的存在之所，将决定其未来的生死存亡。

---

① Benjamin Peters, "Digital", in Peters, Benjamin ed., *Digital Keywords: A Vocabulary of Information Society and Culture* (Princeton and Oxford: Princeton University Press, 2016), 93-99.

结　语

由于历史的原因，特别是现代活字印刷术的缘故，人们通常以媒介形态来界定出版，将书籍、杂志、报纸看作典型的传统出版媒介，更有研究者只将凭借活字印刷术得以展开的书报刊知识实践看作出版；同时，随着数字时代的到来，人们又将采用数字技术进行的几乎所有文化实践，纳入出版范畴。这种划分虽然简便，却对出版有"窄化"与"泛化"之嫌。

笔者主张以知识类型来区分出版与其他文化实践，将出版看作一种系统化、智识性的知识生产与传播活动。有别于由信息奠基的混杂性、直观性知识，也不同于介于二者之间同样奠基于信息的新闻知识，它奠基于思想性知识，更多的是通过"中介化"的知识生产而形成的，这就使它与致力于新闻实践的报纸和期刊有了显著的差异。依利奥塔的说法，这也是一种"好的"知识，"它们符合'拥有知识'的对话者构成的群体所承认的那些相关标准（分别为正义、美、真理、效率等标准）"，"这样的陈述合法性方式"被称为"公论"。① 作为编辑出版者的中介，切实担负起选择与形塑的职责，使它们在知识市场上得以凸显，并获得认可。正如有研究者所指出的："信息的编辑出版不是一个简单的市场化程序，也会借助于人际传播的社会效应来形成一种信任委托机制，即最终以人际传播的可靠性作为传播心理

---

① 让-弗朗索瓦·利奥塔：《后现代状况：关于知识的报告》，车槿山译，第41页。

的支撑物。"[①] 信任是认可的基础，认可则来自知识本身的价值。出版的价值在于它生产的知识是奠基于思想的，是更"深沉"、更"持久"的知识，生产之中的"提纯""淬炼"过程，也使它更具权威性，更有可能传之久远。

　　数字时代，出版首先面临被边缘化的挑战，数字技术在手的个体似乎可以越过中介而生产和传播"知识"，但此知识非彼知识，个体所"生产"和"传播"的知识，与出版所生产和传播的知识的浓度和纯度是没有办法相比的，特别是在这个"信息疲劳综合征"充斥人类生活的时代，"释放出的信息越多，世界就会变得约杂乱、越鬼祟"，"单纯靠更多的信息和更多的交流并不能点亮这个世界"。[②] 于是，出版的价值将更加凸显，而不是无足轻重。严格来讲，除了人类以身体为媒介的知识传播与传承，其他的知识实践活动，都是一种媒介化的知识实践。随着信息传播技术的持续扩充和增容，媒介的表现形态正日趋多样化，出版的形式已经非常多元，未来还将更加丰富。数字时代的出版实践，将不再被媒介设限，它既存在于书籍（实体书、数字书）、期刊、报纸，也存在于各种类型的数字媒介中，只要它是奠基于思想的系统化、智识性的知识，它就是出版，它就会在这个信息充斥的纷扰世界里焕发出自己的光芒，给六神无主的现代人提供可资信任的知识与智识。

① 陈卫星：《编辑出版活动的媒介学透视》，《现代出版》2022 年第 4 期。

② 韩炳哲：《在群中：数字媒体时代的大众心理学》，程巍译，中信出版集团，2019 年，第 86—87 页。

第二章

知识的物质性：
书籍媒介未来样态之考察

在计算机相关技术获得广泛运用之前，知识的生产、传播与存储，都以可见的实体的样貌出现。知识的载体，或者是人类最根本的"媒体"——人的身体（并非躯体，身体是躯体与精神的融合体，而躯体仅仅是物质性的人体），或者是各式各样可以记载知识的物资材料。在有关知识的研究中，人们投以更多关注的也往往似乎"知识"本身，而对于承载知识的物质条件或视而不见，或鲜有深入探讨。进入 21 世纪以来，计算机、互联网技术在知识生产与传播领域高歌猛进，传统的知识载体行将就木的声音便不绝于耳。但是，从知识的生产与传播情境看，却有很多吊诡的现象：2020 年岁末，欧美书业引人注目的事件之一，是美国前总统奥巴马回忆录《应许之地》（*A Promised Land*）在皇冠出版公司的面世。该书全球首印量 590 万册，以 20 种语言在全球同步发行。一周之内，实体书售出 170 万册，一个月后，这一数字变为 330 万册，出版商也将总印数调高到

680 万册。与实体书同步的，还有电子版和有声书版本，虽然二者比实体书价格便宜，也应和了当代社会"移动媒介""视听媒介"的现实和人类精神生活中"听觉、触觉"的回归，但销售数量仍大大落后于实体书籍。书业与政治圈、文化界为这本传记的惊人销量倍感兴奋之余，一个持久的话题在大多数人眼中也许早已"视而不见"，但它又无时无刻不隐隐浮现于人们内心深处。这就是人类历史上最为持久的传播媒介——实体书籍——的命运问题。

一　"实体的黑夜"

对于与人类精神生活如影随形相伴了数千年的实体书籍，20 世纪之前的知识人看到的似乎只有它传通知识、思想的非凡魅力与延展文明、视野的不朽价值。人们很少将关注点投射到书籍本身。对书籍地位与命运的忧患之思始于 20 世纪上半叶电子媒介在人们日常精神生活领域的"攻城略地"。至少在赫尔曼·黑塞（Hermann Hesse）生活的年代，欧洲的精英文化圈就开始对电影、广播等视听媒介有可能"掠夺"书籍文化地盘的现象开始警觉。相比于同时代人，黑塞对书籍的信心无疑更为笃定："至于'书籍'这一观念差不多已丧失尽过去的崇高地位，最近因电影或广播的影响，书籍甚至在多数人的眼中都行将失去魅力，我们倒不必引以为悲的，我们不必忧虑书籍也许会连根被拔除的一日。"[①]黑塞认定，即使视听媒介有朝一日"侵占"了书籍的某一部分功能，也不必大惊小怪，因为它们所"侵占"的仅仅是书籍可有可无的那部分功能。

乐观的情绪，显然没有持续多久。随着时间的推移，人们心里对实体书籍的未来变得越来越没底。有的学者认为，不仅实体书籍在未来的精神版图中没有位置，所有书籍恐怕都将地位不保。法国历史学家亨利-让·马尔坦（Henri-Jean Martin）在20世纪90年代的一篇研究论文中指出："书籍已不再拥有昔日的威望，已不再是我们理智与情感的主宰，因为我们今天所面对的，是人类所有拥有的全新的交流和资讯工具。"[②]与马尔坦观察到书籍在与其他媒介的竞争中丧失了主体地位不同，罗杰·夏蒂埃（Roger Chartier）认为实体书籍时代已悄然远去，电子文本将粉墨登场："革命已被宣告或实际上已经开始，我们将从纸质书，例如我们熟悉的书册、书页、集子，过渡到电子文本和视屏读物。"[③]2008—2009年，欧洲大陆极富影响的两位知名爱书人——意大利学者翁贝托·埃科（Umberto Eco）和法国电影艺术家让-克洛德·卡里埃尔（Jean-Claude Carrière）就书的前生今世做了数

① 赫尔曼·黑塞:《读书随感》，李映萩译，上海三联书店，2013年，第74页。

② Henri-Jean Martin, "Le message écrit: l'émission", *Revue des Sciences morales et politiques* (1993), 229–238. 转引自罗杰·夏蒂埃:《书籍的秩序：14至18世纪的书写文化与社会》，吴泓缈等译，商务印书馆，2013年，第17页。

③ 罗杰·夏蒂埃:《书籍的秩序：14至18世纪的书写文化与社会》，吴泓缈等译，第17页。

次长谈，两人关注的议题之一就是"书会消失吗"。对书籍的未来，埃科的态度虽然不如夏蒂埃认为实体书时代已经结束那样决绝，但语气中也多了分不确定。他一方面认为"书就如勺子、斧头、轮子或剪刀。一经造出，就不可能有进一步改善。你不能把一把勺子做得更像勺子。书多方证明了自身，我们看不出还有什么比书更适于实现书的用途"，一方面又补充道："也许书的组成部分将有所演变，也许书不再是纸质的书。但书终将是书。"① 我们不清楚，上述话语从一位中世纪珍本爱好者—收藏家、历史小说家口中说出的时候是什么滋味，或许总有一种苦涩在心间吧。

通常认为，为印刷文化"画上句号"的是被称为"媒介先知"的 20 世纪加拿大媒介学者马歇尔·麦克卢汉。1999 年 3 月，美国历史学家、书籍史家罗伯特·达恩顿（Robert Darnton）在《纽约时报》撰写评论，指出麦克卢汉 1962 年提出的所谓"印在纸上的文字很快会消失"并未实现。② 20 世纪下半叶乃至进入 21 世纪以来，谈及实体书籍的暗淡前景，人们大多将"实体书籍即将消亡"的帽子戴在麦克卢汉的头上，有的学者甚至为此对其大加挞伐，痛斥他信口开河、哗众取宠。然而，在有生之年，麦克卢汉从未明确说出过与"实体书即将消亡"类似的话语。引发误会的，是使他声名鹊起同时又毁誉参半、出版于 1962 年的

---

① 让-菲利浦·德·托纳克:《别想摆脱书：艾柯、卡里埃尔对话录》，吴雅凌译，广西师范大学出版社，2010 年，第 4 页。

② 罗伯特·达恩顿:《阅读的未来》，熊祥译，中信出版社，2011 年，第 65—66 页。

《谷登堡星汉璀璨》[①]。这是一部奇异的书，从形式上看，它虽然篇幅不短，正文却不分章节，也无目录，不同部分之间亦缺乏鲜明的逻辑关系；虽然列出了征引文献篇目或作者，全书却无一处注释。在学术规范已然成熟的欧美学界，麦氏说他之所以选择如此这般独具一格的"花样"著述方式，是为了打破印刷文明的"视觉垄断"，却也着实令学界同侪倍感不适。更多的人，在讨厌且并未通读此书的情况下，就宣称该书宣告了印刷术的终结，使麦氏轻而易举背上了"书籍终结者"的恶名。其实，麦氏此书着眼于印刷文化和印刷书对人类社会、文明和个人生活带来的新变革与新变化，他"镶嵌画式"的行文布局，也是为了通过这种"形式试验"，让人们感知到以往印刷文化的特质及其引发的"星汉事件"。其实，麦克卢汉对印刷文化最严厉的"判词"并不在《谷登堡星汉璀璨》中，而是在1959年于美国芝加哥的演讲"电子革命：新媒介的革命影响"中提出的："印刷术的君主统治结束了，新媒介的寡头政治篡夺了印刷术长达五百年的君王统治。"[②]即使点明实体书籍可能正在逐步丧失优势地位，可他终究未说出"实体书籍会消亡"。与之形成鲜明对照的是，1972年，英国爱丁堡公爵菲利普亲王主持了一场多位世界知名人士参加的论坛"书籍重要吗？"，麦克卢汉应邀参会，发表演讲"书籍

①　Marshall McLuhan, *The Gutenberg Galaxy: The Making of Typographic Man* (Toronto: University of Toronto Press, 1962).

②　马歇尔·麦克卢汉：《麦克卢汉如是说》，斯蒂芬妮·麦克卢汉、戴维·斯坦斯编，何道宽译，中国人民大学出版社，2006年，第3页。

的未来"。在演讲中，他的宣示斩钉截铁："印刷装订的书籍是一种终极形态的包装，它可以用来给古代编码，并送达遥远的目的地。在满足使用者随心所欲的需要上，它胜过电子信息。""书籍的未来前景广阔。它不会走向终点；实际上，它正在重温和重塑它扮演过的一切角色。"①

　　真正为实体书籍唱起"挽歌"的是德国媒介学家基特勒（Friedrich A. Kittler）。在一篇论文中，基特勒将"没有一物可想象"的情形称为"漫漫黑夜"，而这"无一物可想象之处"，乃是"数据处理之所"。"数字化的图像处理，所谓'imaging'，就是对一个黑夜的实时分析，这黑夜不再由图像和某一语言的词汇组成，而是和今天的一切事物一样，由数字纵列组成"，"计算机并不单单是因为它们的超文本取代了书籍而成了流传至今的历史的重点；它们由自己的终端改写了这一历史本身"。② 历史上，从手写书信，到印刷书籍，再到卫星无线电，在基特勒的眼中都是数据处理的不同形态。以往，"实体的黑夜"可能是一位声名卓越、知识渊博的学人，将一切所能吸收的智识集于一身，却也隐去了智识来源，他于是便成了"保存之所"。同时，作为"保存之所"的他，也因之成了其他智识之源的"黑夜"，一物得以保存之处，背后将是淹没无数实存之物的茫茫黑夜！印刷术出现之后，广积

---

① 马歇尔·麦克卢汉：《麦克卢汉如是说》，斯蒂芬妮·麦克卢汉、戴维·斯坦斯编，何道宽译，第119、122页。

② 弗里德里希·A. 基特勒：《实体之夜：弗里德里希·基特勒论文选辑》，李双志译，第1—2、3、9页。

博储又没有任何注释且体现强烈创作主体色彩的实体书籍，淹没了它的主人生成思想借以观览的诸多实体书籍，成为新的"实体黑夜"。据说，黑格尔的《精神现象学》就是这样的"实体黑夜"——它比《谷登堡星汉璀璨》还过分，后者尚在正文中写出文献来源，而前者对依凭之实体书籍、观点来源不着一字。当下的技术社会，实体日益流失，越来越不可见，就如《精神现象学》这样少量而分散的"保存之所"也终将以数码的形式消散于数据存储器的渺茫之所。所以，依照基特勒的看法，离散的数码技术，终将成为所有实体的"黑夜"，书籍最终也免不了这样的厄运。

二　"思想的货币"

基特勒洞见了数码技术的力量，却忽略了数码技术对人类精神生活的宰制。

德国社会学家西美尔（Georg Simmel）在阐述"货币哲学"时着重指出，货币本是物品，"最为需要和最有价值的物品最易成为货币"[①]。换句话讲，货币本身即有价值——它可以作为有用的物品使用，也可以作为装饰品存在，还可以作为友朋馈赠的礼物——并非仅仅作为现代意义上之货物而存在。从某种程度

---

① 乔治·西美尔:《货币哲学》，陈戎女、耿开君、文聘元译，华夏出版社，2018年，第 104 页。

上讲，现代符号货币的形成过程是不断张扬货币功能性价值、挤压货币物质性价值的结果。这个过程是货币不断符号化、抽象化的过程——原本的货币，具有符号和物质双重价值，对应着实际可用的物质，但伴随抽象符号化体系的逐步建立，再生的抽象符号已经与现实物质脱离了关系，成为某种空洞之物。这就如当代的纸币以及发展中的比特币、数字货币，其自身已经没有了任何物质价值。

　　实体书籍犹如思想的货币。无论是货币，还是实体书籍，本都是器具性的存在物。依海德格尔（Martin Heidegger）的看法，"器具之器具存在，即可靠性，按照物的不同方式和范围把一切物聚集于一体。不过，器具的有用性只不过是可靠性的本质后果。有用性在可靠性中漂浮"①。换言之，相比"有用性"，"可靠性"更能显现器物的本质，也具有更加丰富性的意涵与价值。反观货币，作为器具性的存在物，它不仅仅是以物易物的工具，更是具有物质价值、中介人际关系、体现人类生活艺术等诸多面向的存在物。实体的书籍何尝不是如此！千百年来，无论中西，知识界极力表彰的往往是书籍所承载的微言大义与思想价值。知识界对待书籍，犹如商业界对待货币，过度看重功能价值而有意无意忽视物质价值，这在货币和书籍身上，同样突出。实体书籍看重内容，强调内容在文化的时间性传承与空间性传播中的功效性价值，这当然没什么错，而知识界的过失在于对实

---

① 海德格尔:《林中路》，孙周兴译，商务印书馆，2018年，第21页。

体书籍物质性价值的选择性忽略。20世纪的媒介学者中，麦克卢汉是最先意识到这一点的。在他看来，内容恰似一片美味的肉，吸引了"看门狗"的注意力，而"窃贼"早已偷偷溜之大吉。15世纪谷登堡现代活字印刷术发明之后，人们就沉浸在印刷书营造的温暖摇篮里，时时刻刻感受摇篮的温暖，却从未抬眼看一眼摇篮是什么。麦克卢汉常用的另一个术语是"麻木"，主要用来说明现代人对电力技术的迟钝和电子媒介的无感。事实上，《谷登堡星汉璀璨》恰恰是要人们在"镶嵌画式"的文本迷宫中，留心印刷媒介这个"窃贼"的真面目。

　　作为"思想的货币"，实体书籍原本并不只看重自身的功效性价值。漫长岁月里，物质性价值在实体书籍中不曾缺位。在古埃及，用于制作纸草书的纸莎草纸品级众多，有"皇纸""王纸"等多种类型，价格也相差甚远，纸莎草纸本身质量的高低代表着书写完成的纸草书的价值。更有甚者，古埃及晚期，民间所用亡灵书是没有什么"内容"（具体内容需要后续填充）的，决定其价值的是亡灵书材质。古罗马时期，"大约从公元200年到公元400年，人们把大量的文献从传统的纸草卷转抄到新近采用的羊皮卷上。……可正是这种转换造成了文献极大的损失。……可一旦文献获得了新的外在存在形式，所有旧的本子，因为已经变得多余，自然被抛弃了"[①]。大量古代文献和神学著作被从纸草文献转抄至羊皮纸，后者除了坚固易存，人们看重的是书籍

---

① 理查德·詹金斯主编：《罗马的遗产》，晏绍祥、吴舒屏译，第88页。

的物质样态——在他们心目中，羊皮纸可以使心目中的经典作品更加神圣、更有永恒性。欧洲大陆有着一千余年书籍制作传统的修道院缮写室中的抄工们，更多的时候关心的是所抄之书如何呈现，而很少细查抄的是什么内容。2017 年，笔者在牛津大学访学，有幸目睹在牛津大学博德林图书馆展出的制作于 12 世纪的四卷本《温彻斯特圣经》(*Winchester Bible*)。这部长 583 毫米、宽 396 毫米的泥金手抄本圣经，典雅庄重、气势撼人。特别是每一卷首页都有三分之一幅面的彩绘字母，首页以及正文页每一节开头、每一行文字亦均有精美的首字母装饰。可以说，《温彻斯特圣经》的独特，更多体现在内容之外，是这部 12 世纪的手抄书籍的器具性存在令其卓尔不凡。事实上，实体书籍的开本也并非随意为之。1776 年 3 月，萨缪尔·约翰逊与好友詹姆斯·鲍斯威尔到牛津大学的彭布罗克学院看书。鲍斯威尔发现了用摩洛哥羊皮装帧的四开本大卫·休谟的《随笔和论文集》，在当天的日记中，他记下了当时惊愕的心情。在他看来，休谟不配享有标志"教养和尊敬"的四开本。中国唐代，也特别重视书写材料的质地，除了本国生产的"鱼子纹""斜纹纸"等本土纸张，还从高丽进口"蛮纸"，从日本进口"松皮纸"，这些无不体现了时人对物质性的重视。同时，现代中外出版业引人注目的书口刷金或彩绘的工艺，至少在中国明代的书籍制作中已较为常见，书籍物质表现力的价值曾被一度珍视。

实体书籍功能性价值的兴起，随着媒介技术的演进一步步走向深入。写本或抄本时代的书籍，至少将实体书籍的器物性

放在与内容同等重要的地位。在当时的人看来，实体书本身即
是价值的体现，器物的优劣不仅是它作为内容载体是否合用的
问题，更重要的，器物还表明它的使用是否得体。现在遗存下来
的写本或抄本每每震撼人心，很重要的一点在于，它们传递出
后世书籍所未有的意涵。用海德格尔的话讲，这样的实体书籍
是"可靠性的"器具，它为传递人类思想提供了更加丰富的可能
性。早期印本书，虽然比不上抄本精雕细琢，但印刷与装订也是
完全分开，依然保留了抄本时代首字母装饰、边饰等做法。印
刷技术和造纸技术的进步，激发了书业的扩张雄心，也张扬了
人类加速知识传播的旧梦。这些都有利于文明的普及，但一个
不容忽视的事实是，实体书籍的功能性价值在极速扩充的同时，
压缩了其物质性价值存在的空间。平装书革命，使得更多的人
有书可读，可也拉低了实体书籍的"器具可靠性"。现在，将实
体书籍连根拔起的是数码洪流。除了 pdf 文本系从实体书籍演化
而来，依稀仍有几分实体书籍的感觉外，当下通行的数字书籍，
mobi、epub、azw3 三种格式的出版物，无论具体内容是什么，均
被以上述三种格式压缩在数据之中，没有了个性，也变得面目
模糊。数字化书籍消除了实体书籍"可靠性"中丰富的可能性，
唯一留下的只是用于内容传播的功能性价值。

　　在数码浪潮面前，一切的实体烟消云散，遁入无尽的黑暗。
自启蒙运动以来，"现代化"观念中对算计、效率的追求，与人
们心中洋溢的无限传播与扩散信息的理念一起，向着去物质化
的虚空世界一路狂飙。

三　"艺术化生存"

　　书籍世界的未来已初现端倪，未来可能是"思想货币式书籍"与"信息货币式书籍"并存的格局。"思想货币式书籍"的表现形态是实体书籍，它不仅是思想、知识的载体，更是一种审美化的物质存在体。作为器具，它为人类的精神世界提供了远超书籍"内容"文本的触觉、味觉、视觉、情感、美感等诸多"可能性"，它是一个延展的世界。"信息货币式书籍"是数字书籍的样态，它于方寸之间提供了"海量"的"内容"，这些信息还有查阅、检索的便利，这是一个速度的空间，一切围绕效率展开；作为个体的书籍，都幻作一串串的数码，变得面目全非，个性全无，陷入黑暗之中，它是一个乏味的、单一的、"查而不思"、一晃而过的世界。

　　罗伯特·达恩顿说，"电子书将充当古腾堡的伟大机器的补充物，而不是替代品"[1]。因为在他看来，"没有任何媒介比用于写字的纸（特别是19世纪以前制造的纸）能更好地保存文本，只有羊皮纸和石刻可与之媲美。迄今最好的存储系统是前现代社会的旧书"[2]。刘慈欣在《三体》中也提到，千万年之后，人类在宇宙中留下的精神印记是石刻文字。但是，当代社会的现实是，没有人愿意看见久远的未来，不然就不会有对于"永恒"的不屑

---

[1]　罗伯特·达恩顿：《阅读的未来》，熊祥译，第75页。

[2]　同上，第38页。

一顾。从此角度看，"电子书"未必一定是"谷登堡机器的补充物"，它也有可能与人类的无限扩展的欲望一道"喧宾夺主"，不断挤压实体书籍的生存空间。那么，实体书籍的未来在哪里？

贝尔纳·斯蒂格勒（Bernard Stiegler）认为，当代人面对的最大敌人是数码技术和社交媒体共同促成的"脱-崇高"状况，对此他给出的"药罐"是艺术。[①]对于实体书籍而言，其未来的根基，其实不是"向前看"，而是"向后望"——重现发现实体书籍之所是——回退到它本来所是的艺术化存在状态。在这一点上，麦克卢汉比任何书籍史家、媒介学家都看得更清楚。与通常所认为麦克卢汉谈论新兴媒介甚多因而是"新媒介"的欢呼者不同，他实则对"旧媒介"充满了温情与留恋。在关于互联网络的演讲中，他曾直言不讳："我谈论的任何东西都是我坚决反对的，反对的办法就是理解它，这似乎是最好的办法"；"我们需要预先充分认识新媒介里固有的因果力量，目的是拯救自己的印刷文化，同时也拯救汉字的书法和教育"。[②]换言之，面对新媒介的"攻击"，他给出的应对之道是"察今"而"回望"。所谓"察今"，就是对新媒介营造的传播环境要有充分的体察与认知，如此才能真正理解当下的传播环境对于实体书籍这个旧媒体意味着什么；所谓"回望"，就是在新媒体促成的传播环境中，返回

① 贝尔纳·斯蒂格勒：《人类纪里的艺术》，陆兴华、许煜译，重庆大学出版社，2016年，第101—120页。

② 马歇尔·麦克卢汉：《谷登堡星汉璀璨：印刷文明的诞生》，杨晨光译，北京理工大学出版社，2014年，第70、6页。

实体书籍曾所是的艺术状态。麦克卢汉说，"新技术有这个趋势，它包围旧技术，使旧技术上升到有意识的层面，是我们对过去的认识大大提高"，"一旦受一个新环境的包围，任何东西都会成为一个艺术品"。① 由此可知，对新媒介创造的这个实体书籍的"反环境"的考察，可以使我们更加深切地体悟到实体书籍的力量。

对于人类面临的新技术"袭击"，斯蒂格勒和麦克卢汉不约而同给出了"艺术"这个"药罐"。面向不确定的未来，艺术或许也是实体书籍的"药罐"。数千年来，人类艺术从古希腊时期将自然看作外在之物时的模仿自然，走向将人类作为主体与外物分开看待强调个性表达的现代艺术，再到如今摒弃主体—客体二分重新看待物与人之关系，艺术表达也在演变。但无论如何，艺术依然强调表达者的个性与艺术品的物质性价值。在书籍的发展史上，写本、抄本是最具艺术特质的存在物；待到印刷术尤其是现代活字印刷术之后，个性化有所退步，"文本的固化"成为新现象，但这并没有完全使实体书籍失去其艺术特性；真正的沉沦是数字书籍的面世，由此，所有的阅读者面对的是"同样的哈姆雷特"。沃尔特·翁（Walter Ong）曾言："书籍制作中所运用的大规模生产手段让我们可以，事实上必须调整我们对于书籍的印象——它不再仅仅是思想沟通的代表，而更侧重于作

———————

① 马歇尔·麦克卢汉：《谷登堡星汉璀璨：印刷文明的诞生》，杨晨光译，第42、56页。

为一种具体事物。"①麦克卢汉的传世名言"媒介即讯息"，强调一种媒介会创造一种相应的传播环境，他不厌其烦地提出"反环境""逆转""后视镜"等这样的术语，特别青睐在不同媒介营造的不同环境的"对观"之中体察每种媒体各自的特质。对于实体书籍而言，作为实体化存在的器具，它是可能的艺术化"可靠性"空间，唯有将其看作一种"具体事物"，张扬其艺术化的特质，才有可能找到其未来应走之路！

结　语

从现象学的视角看，我们更应该关注的是"对象的呈现方式，而非对象的内容"，需要关心的是"对象显示或展现自身的方式，也即：它是如何显现的"②。对于未来的知识生产而言，书籍将以何种样貌呈现，实体书的命运到底如何，恐怕还是需要回归书籍的"物质性"本身，回顾到将书籍看作一种特有的"媒介"形态来看待："媒介即讯息"，媒介即环境，实体书籍能够走多远，端赖其在器具性的实体化道路多大程度地回归自身！

不过，实体书籍的未来发展，可能会出现"书籍的分叉"，实体书依照不同的类型可能会分道而行。具体而言，这种"书籍

---

① 马歇尔·麦克卢汉：《谷登堡星汉璀璨：印刷文明的诞生》，杨晨光译，第279页。

② 丹·扎哈维：《现象学入门》，康维阳译，第13页。

的分叉"和"分道而行"，是由知识的类型决定的。对于奠基于信息的知识类型，它的价值在短期内有效，更需要的是传播速度。因此，这种类型的知识，需要的介质可能是数字化的载体，这种类型的书籍，也将以数字书籍、电子书籍的形态进入知识流通领域。对于奠基于思想的知识类型，它往往具有更为恒久的价值，在人类知识的传承与积淀中发挥不可替代的作用。也或许拥有较强的艺术审美价值，与人类闲适性的阅读精神生活密不可分，这种知识消费可以让人应对当代社会的加速运转状态，减缓无处不在的焦虑情绪，有效应对生活世界的种种变更引发的不适；这种类型的知识，则需要物质形态的实体书籍来载荷。通过这种分流，作为知识载体的书籍，做到了知识类型与呈现方式的契合，不同类型的书籍也将在知识流通中各居其位，为人类的知识传播与传承发挥不同的效力。

第三章

从辛弃疾到GPT：
人工智能对人类知识生产格局的重塑

引言：辛弃疾与ChatGPT

辛弃疾有一首词《水龙吟·昔时曾有佳人》，上下两阕所有字句均采自宋以前之文献如《诗经》《史记》《汉书》等经典著作，甚至连宋玉《高唐赋》中的佳句也被他袭为己用。其实，有宋一代，像辛弃疾这样的词人大有人在，贺铸、周邦彦等人也常或照抄或化用李白、李商隐、温庭筠等唐代诗人的诗句，以致时人认为"抄句不算坏事，甚至还是一种本领"[①]。或许正是因为有"抄袭"之嫌，当代诸多唐宋词名家选本均将辛弃疾这首《水龙吟·昔时曾有佳人》拒之门外，就连专论东坡与稼轩词的《苏辛词说》亦弃之不顾[②]，大概都觉得稼轩此词集于众家、了

---

① 刘逸生：《宋诗小札》，中国青年出版社，2016年，第261—265页。
② 上述情况，可参见顾随、陈均：《苏辛词说》，北京出版社，2015年；龙榆生、田松青：《唐宋名家词选》，中华书局，2018年；俞平伯：（转下页）

无新意吧。这不禁令人联想到自 2022 年岁末在全球引发持续热议的 ChatGPT。在诸多的评判之中，较为耀目的一条也是"抄袭"与"剽窃"：乔姆斯基（Noam Chomsky）、罗伯茨、瓦图穆尔（Jeffrey Watumull）就尖锐地指出，从语言学和知识哲学的角度看，ChatGPT 不仅具有无法消除的缺陷，还展现了邪恶的平庸：抄袭、冷漠与回避。①《科学》（*Science*）的主编、化学家赫伯特·索普（Herbert Holden Thorp）在认可 ChatGPT 能提供无尽的娱乐的同时，也以学术期刊负责人的身份声明：通过 ChatGPT "生成"的图形、图像与图表不能用于论文之中，而 ChatGPT 书写的文本更会被看作剽窃，将会被该刊拒之门外。②但是，技术的迭代更新总是以迅雷不及掩耳之势不断冲击人们的视线。2023 年 3 月 14 日，OpenAI 发布了 GPT-4，其文本处理能力比之前基于 GPT-3.5 的 ChatGPT 更强：ChatGPT 可一次性处理 3000 个单词的文本，而 GPT-4 则可一次性处理 25000 个单词的文本；此外，还新增了较强的识图功能；回答问题的准确性亦有较大提升。不过，此前 ChatGPT 所面临的"剽窃""知识不准确"等问题，依然未获圆满解决。

从辛弃疾到 GPT，人类的知识生产好像有了极大的跃升，特

（接上页）《唐宋词选释》，人民文学出版社，2005 年。这些知名的词选，收录了辛弃疾的不止一首《水龙吟》，独独不收这一首。

① N. Chomsky, Roberts I. and Watumull J., "The False Promise of ChatGPT", https://www.nytimes.com/2023/03/08/opinion/noam-chomsky-chatgpt-ai.html.

② H. Thorp, "ChatGPT is fun, but not an author", *Science* 379, Issue 6630, 313.

别是 GPT 这种人工智能程序的介入，使得知识"生成"的速度与效率均非往昔可比。可以预见的是，在未来的人类知识版图中，GPT-4 及后续的迭代智能技术将占有越来越重要的地位。可是，反观人类知识演化历史，GPT 的知识"生成"方式却又似曾相识。换言之，GPT 介入前后的人类知识生产，既有形式上的相似之处，又有本质的差异。基于上述判断，本文试图探讨如下问题：从知识"生成"方式和知识形态上讲，GPT"生成"的文本，在人类知识生产演变的历史中处于何种位置？这种文本的"生成"模式，与人类自身生产的知识有何本质差异？在"闯入"知识生产领域之后，GPT 将对人类的知识生产带来何种影响，又将如何影响人类知识生产格局，对人类的未来生存会带来何种社会效应？

一　GPT 与三阶知识的出现

知识，实际上是人类在世界中生存所形成的对"诸世界"的认知、观念与思想。从形式上讲，人类所面对的"诸世界"至少有三重，即"物的世界""事的世界""意识世界"。"物的世界"是人类身处其间的"自然世界"，是山川河流、草木森林、日月星辰这样的物质世界；"事的世界"是与人类自身相关的"人事世界"，是日常生活、人际交往、群体活动、政治运作、文明延续等层面的人类世界；"意识世界"则是人类如何看待、把捉

"物"与"事"的凭借，是人超越物质世界、跃出动物世界并促成人之为人的关键所在，亦是人类生成知识的不二门径。

从知识来源上看，"物的世界""事的世界""意识世界"皆有可能成为知识的来源。在认识论的范畴内，知识通常被看作"有证成的真信念"[1]，因为含有"证成""为真"等要素的限定，近代科学兴起后，科学的实证主义大行其道，源自"物的世界"的知识遂被看作人类知识中最为牢固的部分。但是，"单纯的关于物体的科学"对于"我们作为自由主体的人"是"无话可说的"。[2]对于存于天地之间与聚群而生的人类而言，"物的世界"及其知识固然不可或缺，"事的世界"与"意识世界"乃至我们认知此二者形成的知识，恐怕同样必不可少。在康德看来："用来把一个对象与另一个对象区别开来的那些观念的意识是明白，而使诸观念的组合也变得明白的意识叫作清晰，只有后者才使诸观念的一个总和成为知识。"[3]康德关于知识的论述看似宽泛，且并未对知识来源做出区分，而仅对"知识是什么"做了抽象概括，但考虑到知识来源的复杂性，他的界定似也合理。本文即在康德的"知识论"基础上使用知识概念，将"物的世界""事的世界""意识世界"均看作知识对象和知识对象之来源，把奠基于这些对象之上形成的诸观念总和看作知识。

---

[1]　理查德·费尔德曼：《知识论》，文学平、盈俐译，第26页。

[2]　埃德蒙德·胡塞尔：《欧洲科学危机和超验现象学》，张庆熊译，上海译文出版社，1988年，第6页。

[3]　伊曼纽尔·康德：《实用人类学》，邓晓芒译，第16页。

（一）人类与一阶知识、二阶知识的生产

综观人类知识史，依知识之来源和形成之路径，人类知识大致可分为一阶知识、二阶知识、三阶知识三种不同形态。一阶知识，是作为知识生产主体的人，通过对"物的世界""事的世界""意识世界"的直接感知并凭借"知觉、记忆、证词、内省、推理和理性洞察"[①]等思维活动而形成的知识。此类知识的形成过程，其实包含两个不同的阶段，一个阶段是知识生产主体对对象的直接感知，在此过程中，知识生产者面对的是"对象世界"的杂多状态，认知的结果是形成关于事物的碎片化的知识；在此基础上，经过一系列的思维活动，对碎片化的知识进行系统性的符号化，最终生成系统化的知识。从知识形成的过程和知识最终的表现形态看，一阶知识的生成过程是面向"对象世界"的无中生有，是通过语言这种人类特有的与世界联结的媒介，对世界进行"映射"的过程。以具体的实现方式看，一阶知识的完成，是通过"著"与"作"的方式达成的。清代学者焦循认为："人未知而己先知，人未觉而己先觉，因以所先知先觉者教人，俾使人皆知之觉之，而天下之知觉自我始，是为'作'。"[②]当代学者张舜徽亦认为："凡是前无所承而系一个人的创造才叫做'作'，也可称'著'"，"将一切从感性认识所取得的经验教训，提高到理性认识以后，抽出最基本最精要的结论，

① 理查德·费尔德曼：《知识论》，文学平、盈俐译，第235页。
② 焦循：《焦循全集·雕菰集·述难二》，广陵书社，2016年，第5762页。

而成为一种富于创造性的理论，这才是'著作'"。^① 由此可见，一阶知识是人类知识范域之中，最具创造性、最为基础的知识类型。它既可以是知识生产者对自然世界的直接感知和系统化思维的结晶，也可以是知识生产者对"人事"直接参与和观察后的思想沉淀，还可以是知识生产者对"意识世界"相关项反观后的观念集成。

二阶知识，是作为知识生产主体的人，在一阶知识基础之上，运用联想、推理等方法和手段，同时凭借自身的主观努力，对一阶知识进行重新加工、重新改造后形成的知识。与一阶知识相比，二阶知识的"信息量"大大降低，它的重心不再是"无中生有"，而是对"有"进行种种形式化的变形与改造。因此，二阶知识是通过"述""编述""钞纂"等方式达成的："已有知之觉之者，自我而损益之，或其意久而不明，有明之者，用以教人，而作者之意复明，是之谓'述'"^②；"将过去已有的书籍，重新用新的体例，加以改造、组织的工夫，编为适应于客观需要的本子，这叫做'编述'"；"将过去繁多复杂的材料，加以排比、撮录，分门别类地用一种新的体式出现，这成为'钞纂'"。^③ 像孔子自谦的"述而不作"，司马迁将《史记》的写作谦称为"述"，大概他们都以为自己的作品都非一阶知识。中国古代的"类书"如《太平御览》《艺文类聚》等，欧洲启蒙运动时期的《百科全

---

① 张舜徽：《中国文献学》，华中师范大学出版社，2004 年，第 31—32 页。

② 焦循：《焦循全集·雕菰集·述难二》，第 5762 页。

③ 张舜徽：《中国文献学》，第 32 页。

书》，都是二阶知识的典型代表。二者的区别在于，前者属于"钞纂"，是通过摘抄已有文献的方式，依据一定的类目汇编同类资料，原则上钞纂者不应对既有资料做改动；而后者类似"编述"，是以条目的方式在对既有知识进行总结梳理的基础上进行"再创作"，原有的知识消融于编述者的书写之中。

（二）GPT 的联结与反馈：奠基而成的三阶知识

从某种程度上讲，GPT"生成"的知识，与二阶知识中"百科全书"的形态最为相近，但事实上，二者之间差异巨大。首先，从知识形成过程看，与一阶知识相比，像"百科全书"这样的二阶知识虽然"无中生有"的程度打了折扣，但并不代表它没有创造性的成分在。无论是孔子谦称的"述而不作"，还是像王充等人干脆将自己的著作称为远不如"述"的"论"，其实他们的"述"与"论"中都有一阶知识的要素在。反观 GPT"生成"的知识，我们会发现，这是一种基于信息论"概率"基础上的自然语言处理，是通过控制论的"反馈"机制进行人工智能训练的成果。[①] 也就是说，GPT 生产的知识，创造性的因素是不存在的，它通过"问—答"形式产生的令人惊艳的知识文本，更多是形式上对既有"信息"或"知识"的再联结。其次，从知识性质上讲，目前，GPT 生产的知识，是一种"类知识"——更接近于奠基

---

① 邓建国：《概率与反馈：ChatGPT 的智能原理与人机内容共创》，《南京社会科学》2023 年第 3 期。

于数据的信息，或者比信息稍有系统化的、由整理加工过的信息构成的"初级形态的知识"，而非传统意义上的知识。数据是"人脑用来产生信息的原始刺激"，是人类为"产生信息而收集的观察的结果或者线索"，信息则是"个体在交流时分享的东西"，它来源于"数据"。当"人类将数据转化为信息，然后将这些信息与之前的思想和经验结合之后，就产生了知识"，"所有的知识都来源于信息，并以人类之前相互交流的思想为基础"。[①] 由此可见，从数据到信息，再到知识，存在一个逐步奠基的关系层级，奠基于信息的知识具有更加易变、更不稳定的特性。作为大型语言模型（large language models, LLM）的 GPT-3，是拥有 1750 亿参数、含有 3000 亿个单词的模型，它的训练语料构成如下：60%来自 2016—2019 年的 Common Crawl 语料库；22% 来自 WebText 语料库；16% 来自书籍；3% 来自维基百科。[②] 从数据来源看，其语言模型依托的是不同类型的互联网信息资源，传统意义上的知识资源比重不高。因此，GPT 借由这些资源生产的文本，更像是一种奠基于信息的"类知识"。从三种不同形态的知识层级上看，GPT 生产的知识是奠基于一阶知识与二阶知识基础之上的新的知识形态——三阶知识。

---

① Jorge Reina Schement eds., *Encyclopedia of Communication and Information*, 422, 425.

② 各部分数据来源总和超过 100%，数据恐有误，但大致比例应基本如此。参见 J. Sitkevich, *GPT-3 A Powerful New Beginning*, https://levelup.gitconnected.com/gpt-3-a-powerful-new-beginning-d809d21586。

二　GPT 知识生产的特殊机制

在与《时代周刊》记者的对话中，ChatGPT 曾"自陈"："我是一个大型语言模型，接受过大量文本数据的训练，这使我能够对各种各样的输入生成类似人类的反应。当你问我一个问题时，我用我的文本数据训练和算法生成与你的问题相关的回答，并用一种听起来自然的方式写出来。我尽我所能提供准确和有用的信息，但我不是一个完美的知识来源，我并不能总是提供完整或正确的答案。"[①]它的"陈述"表明，作为"生成型预训练变换模型"（generative pre-trained transformer, GPT），它凭借转换器（transformer）和大数据、强算力，通过人类反馈强化学习（reinforcement learning from human feedback, RLHF）、微调（fine-tuning）等一系列相互促进的技术路线，大大提升了人工智能对自然语言的处理能力。但在"各种各样的输入"基础上"生成类似人类的反应"也表明，GPT 知识生产的机制，与人类以往生成知识的机制迥然不同。

（一）与人类的知识生产相比，GPT 的知识生产是"非意向性"的

一阶知识与二阶知识均系人类的创造性知识形态，是人类在"意向性"的思维活动之中达成的。与其他动物相比，人类的

---

① 吴怡莎编译:《〈时代〉专访 ChatGPT：我还有很多局限，但人类应准备好应对 AI》，https://www.thepaper.cn/newsDetail_forward_21058171。

特殊之处在于，在置身于与自然环境、群体生活的长久互动和
经历复杂的演化之后，他们进化成一种能够使用语言的特殊存
在者。通过语言，人类可以"映射"和"表述"他们周围的一切、
自身甚至是自己的意识活动。在这种凭借语言而与周遭世界进
行遭遇的过程中，意向性的活动伴随其间。意向性是一种关系
性存在，指的是"意向活动与意识相关项之间的相互关系"，而
"意识相关项"则是"被意指之物"，也就是意识对象。[1] 这里的
对象，其实有两重：其一是外在于人的物与事，其二是人类赋
予物与事的意义。由此可知，人类的意识活动，总是关于一定
对象的意识活动，在这种意识活动中，也必定有着与意识活动
和意识对象如影随形并勾连二者的意识关系。胡塞尔（Edmund
Husserl）就曾指出："认识体验具有一种意向（intentio），这属于
认识体验的本质，它们意指某物，它们以这种或那种方式与对
象发生关系。尽管对象不属于认识体验，但与对象发生的关系
却属于认识体验。"[2] 人类创造的知识，正是在这种对意识活动与
对象之间关系的认识体验之中逐步完成的。除了关系，对于人
类知识的形成而言，意向活动和意识对象也必不可少。

　　在一阶知识形成过程中，我们很容易能够体察到意识对象
的存在，即人类的知识书写和对世界的认知，总是在对"物的

---

① 倪梁康：《胡塞尔现象学概念通释》，第 252 页。
② 埃德蒙德·胡塞尔：《胡塞尔选集》，倪梁康选编，上海三联书店，1997 年，
　　第 64 页。

世界""事的世界""意识世界"的直接体验的基础上完成的。至于二阶知识，"对象"仿佛消失了，知识生产者好像"超越了真实意义上的被给予之物，超越了可直接直观和把握的东西"①，只是对一阶知识的再度组合和重新书写。事实上，如前文所言，二阶知识的生产与一阶知识并非泾渭分明，其生产过程总是含有一阶知识生产的要素在，也就是说，这种形态的知识生产依然是一种意向性的知识生产；即使二阶知识更偏向对一阶知识的"编述"与"钞纂"，但这也是在"人类赋予事与物的意义"这种"对象"的基础上进行的，它依然是一种意向性思维活动，隐含着对象，并非仅仅对面向既有文本的向空而作。

　　意向性活动与意识密不可分，有了意识，思维活动才成为可能。有了思维活动，人类才能运用语言"映射"置身其间的"诸世界"，才能将"诸世界"之中的对象与自身的意识建立关系。反观 GPT，它拥有的是智能，但它没有意识，也没有思维活动。GPT 不能在智能活动中指向"诸世界"，也不可能"映射"诸世界之中的对象。因此，GPT 的知识生产是"非意向性"的。与人类知识生产过程中"意向性"活动最终会指向一定对象不同，GPT 的知识生产是依托抓取了数量可观信息的大型语言模型，通过对既有信息的整合与加工来实现的。如果说，GPT 的知识生产也面对一个"对象"，这个对象就是大型语言模型

① 埃德蒙德·胡塞尔：《现象学的观念》，倪梁康译，商务印书馆，2017 年，第 46 页。

（LLM）。但是，这个"对象"与 GPT 之间的关系并非意向性的，它更像是 GPT 可以获取知识构成要素的资源库。GPT 可以凭借自身的算法在这个资源库中"遨游"并针对人类的问题，生产各种相应的文本。GPT 的"智能"看似达到了人类自然语言甚至是其他艺术创作能力的水平，达到了以假乱真的程度，但事实上，"人工智能的一些'创造性'表演比如创作绘画、音乐或诗歌，都不是真正的创作，只是基于输入的参数或数据的新联想和新组合"[①]。此种类型的"新联想和新组合"，是一种去对象化性质的"非意向性"智能活动。

（二）GPT 生产的文本并非"生成的知识"，而是"既成的知识"

对于人类意识而言，与"意向性"紧密相关的是"反思性"。人类在与周遭世界遭遇时，不仅思想自身之外的周遭世界及其中的诸物和诸务，而且会思想自身，思想自身为何，思想自身为何如此思想自身等等，这就是人类所特有的反思性。对于 GPT 这样的人工智能而言，它的计算能力，对既有信息和知识的"联想"和"组合"能力很可能已经超越人类，目前 GPT-4 在各项测试中的表现已非常接近于人类，在可预见的未来，它的诸项能力还可能大大超越人类："将来的人工智能不难获得人类的全部知识，甚至每件事情或每个人的全部信息，因此，人类的知识提问恐怕考不倒人工智能，就是说，人工智能虽然不能

---

① 赵汀阳：《人工智能提出了什么哲学问题？》，《文化纵横》2020 年第 1 期。

回答所有问题，但它的任何回答不会比人类差。"① 那么，GPT 能够生产知识文本，是否预示着它在知识生产上将全面超越人类呢？至少从目前看，还不可能。因为与人类相比，它缺乏"反思性"。正因为此，GPT 依程序运作能够进行高效的知识生产，未来还可能更强大，但它也因没有反思性而"不知道"自己在做什么。

从字面意思出发，GPT 被描述为"生成型预训练变换模型"，"生成"一词某种程度上使它具有了一些"创生"的意涵。其实，GPT 的知识生产，"创"的成分基本上是不存在的，它生产的知识乃是一种"既成的知识"。正如有研究者所指出的："ChatGPT……从有到有的生成，说到底不超出'已知'的范围。其信息处理的结果，并未输出未经输入的东西，而只能根据所收到的输入内容生成文本回应。所以，ChatGPT 的生成是关于'知道'的生成，所生成的东西也是人类已知的。"② 在运用 GPT 进行知识生产时，使用者常常会发现它产生的文本令人惊叹，超出使用者的期待与知识视野，但是从人类知识的整体性来看，GPT 产生的这种知识或许是作为个体的使用者自身所未曾知晓也不能生成的，但对于整个的人类知识库而言，它却是既成的，只是"翻新"了"形式"，给人新颖之感而已。

从上述意义上讲，GPT 产生的是"既成的知识"，而人类创

① 赵汀阳：《人工智能提出了什么哲学问题？》，《文化纵横》2020 年第 1 期。
② 肖峰：《何种生成？能否创造？——ChatGPT 的附魅与祛魅》，《中国社会科学报》2023 年 3 月 6 日。

生的却是"生成的知识"。"生成的知识"的生成过程一定伴随着自我意识和反思性思维活动的介入。赵汀阳将人工智能的演进形态划分为"技术升级"和"存在升级"，前者是指"一种存在的功能得到不断改进、增强和完善"，后者是指"一种存在变成了另一种更高级的存在"。①所谓"更高级的存在"，就是有自我意识和反思精神的存在。目前的 GPT 还仅仅是一种"技术升级"的模式，远非"存在升级"，它是一种知识组合能力的提升，而非知识创造意义上的提升。从生存论的角度看，人类创造知识的过程，是生命时间的展开过程，是面向未来的一种人生筹划。海德格尔认为，此在寓于世界之中，也就是沉沦于世界中，操劳于世界中，处于一种被抛状态；而这种被抛状态恰恰是此在之所"畏"，由是便需操心与领会并筹划自身的存在。②从这个角度看，人类创造知识，其实是被抛于世界中，面临被抛情势的人的具体筹划形态之一。从时间上看，无论何种形式的知识生产，都是隐隐指向未来的。而 ChatGPT 则是无生无死、没有时间性的存在者，其知识生产也算不上指向未来的人生筹划。从时间上说，它虽然以过往和既有的信息网络和各种散落的既成知识为依托，但它是断裂的，缺乏历史性的存在状态和演变状态，是没有时间性的。这种迥然有别的时间性使得二者生产的知识有很大的差异。

---

① 赵汀阳：《人工智能的自我意识何以可能？》，《自然辩证法通讯》2019 年第 1 期。

② 海德格尔：《存在与时间（中文修订第二版）》，陈嘉映、王庆节译，商务印书馆，2018 年，第 247—274 页。

（三）GPT 的"世界"是一个必然性的世界，而非可能性的世界

人类具有"否思"的思想品质，也就是说，人类在认知、映射、表述、确认"诸世界"的过程中，能够说出诸世界"是"什么，还能从"不是"的视角出发，换一种方向以全新的视角认知、映射、表述、确认"诸世界"。这种"否思"的品质，与前文所述的人类特有的"反思性"和"自我意识"是密不可分的。赵汀阳认为，对于人类而言，"否定词正是信号系统转变为语言的临界点，自从发明了否定词，人类符号系统就告别了信号而变成了语言"，"当否定词开启了无穷可能性，意识以此借力创造一个思想世界，自然万物在语言魔法中被再次世界化，被命名，被分类，被重新组织在语言的世界中"，"就其根本性质而言，否定词的革命性意义并不在于拒绝了某种现实性，而在于开启了一切可能性或任何一种可能性"。① 由此观之，人类能够借由语言中的"否"开启知识生产的可能性，这种可能性的特质在于，它使人类在世界中生存有可能关照复数的世界与复数的现实（"否思"达致的局面），而非世界或现实的单一面向（"是"导致的结果）。可以说，这两个关键性的要素——"是"与"否"——呈现了人与世界的关系，"是"决定了人类对世界现实状态的一种描绘、表述和映射，而"否"决定了人类对世界可能性的一种预期和判断。前者的价值在于可借以形成对世界的一种认知与认识，后者的作用，则可以提供"是"达成的认知与认识之外其他多种

---

① 赵汀阳：《第一个哲学词汇》，《哲学研究》2016 年第 10 期。

甚至是无限多的认识与认知方案，尤为重要的是，它还预示着人类对世界的可能的改变与改造。

"否思"这一品性恰恰是 GPT 所不具备的，也就是说，GPT 的知识生产不可能提供既有信息和知识中所不具有的可能性，它形成的知识世界始终是一个必然性的领域。所谓的必然性，一是它所形成的知识依然是必然的，二是它的运作也是必然的。首先，无论从 GPT 知识形成的过程还是最终生产的知识形态看，它都没有超出人类既有的知识库存。诚然，GPT 的"智能"一直在不断增强，从 GPT-1 到 GPT-4，其运作能力的增强可谓惊人，正快速朝着通用人工智能（artificial general intelligence, AGI）的方向狂飙突进。2023 年 3 月，ChatGPT 已可支持第三方插件接入，改变了此前信息滞后的弊端，即时的信息甚至是原本不能联结的第三方数据资源都可方便接入。这是否预示着 GPT 已经超越"必然王国"，进入"自由王国"了呢？至少以目前的水平看尚未实现。虽然，它可以提供看似"否"的内容和方案，但这些内容依然是在人类业已生产的既有知识（"是"）的基础上形成的，它并没有提供这个既有的"是"之外的东西。其次，从 GPT 的运作上看，它依然是一个必然性的程序。GPT 是依照人类设计的程序指令（这是一种"是"）运行，并没有力量突破"是"，自主地决定另外的运行方式。虽然，它也可以篡改、胡说，但是这些"篡改"和"胡说"，都是在人类设定的"是"（程序）之下进行运作的。换言之，GPT 不能凭借自己的力量建立自身运作的规则，更不太可能对运行规则做出更改；而因时因地制定规则、改变规则甚至是重新设立规则，正是人类面对复杂环境下的能动性的体现，这使得人类可以对现实（自然世界、社会世界甚至是人类自身意识）说"不"，呈现出别样的可能。

　　概而言之，虽然目前 GPT 的接口正在变得越来越多元，其输入的信息辐射面也愈加宽广，似乎正在朝着涵括人类一切既有信息、知识的目标急邃迈进，但它终究是一种封闭而非开放的系统——这个封闭性的系统看上去无限大，似乎无边无际，可它终究是有边界的，这个边界就是人类既有的、必然的知识世界。

三　GPT 介入知识生产的社会效应

　　人类的知识生产之中，非人类要素一直起着至关重要的作用，有时候甚至在很大程度上左右了人类知识呈现的样貌。作为书写材料的非人类要素，虽然在知识生产中必不可少，但它与知识生产之间的关系并未得到应有的思考。古代中国，书写材质丰富，甲骨、金石、竹、木、帛、纸都曾作为书写材料。钱存训认为："人类思维的能力和文字载体的方式，其间究竟具有怎样的关系，这是值得我们继续深思的一个重要课题。"[1] 他提出这一问题但并未深究。从古代中国知识传播的现实看，书写材料这一非人类要素对古代中国知识生产的影响，至少有一个层面值得关

---

[1]　钱存训:《书于竹帛：中国古代的文字记录》，上海书店出版社，2004 年，第 164 页。

注，即书写材料的难得（距今越久越如此）使知识呈现出言简义丰的形态。在古希腊和古罗马世界，大量古代文献被从纸草文献转抄至羊皮纸。在此过程中，更原始的纸草文献多被丢弃。羊皮纸这种材质介入知识生产领域的一个结果是，它改变了当时的知识格局，古典文献被重新组织，很多文献由于各种各样的原因未能获得转抄至羊皮纸的机会，消失在历史的烟尘之中。书写材质的匮乏、昂贵与难得，迫使人类在知识生产的时候，被迫屈从于材质这种非人类要素，对知识形态和知识取舍做出相应调整。

　　非人类要素在人类的知识生产中一直占据重要地位，只不过，以往的书写材质这种非人类要素改变的更多的是知识的呈现形式，书写材料本身并未对知识本身产生明显影响，它对人类知识生产的"介入"是凭借自身的特质通过人类自身改变知识呈现的样貌而达成的。如今，GPT 则作为强有力的非人类要素，至少从形式上更加直接地介入到人类知识的生产中，其社会效应也愈加显著。

（一）GPT 模糊了"人类要素"与"非人类要素"的界限，成为知识生产场域中重要的结构性要素

　　吉登斯（Anthony Giddens）认为，结构是"社会系统再生产过程中反复使用到的规则和资源"。其中，资源可分为两类：一类是权威性资源，"源于人类行动者活动的协调"；另一类是配置性资源，"出自对物质产品或物质世界各个方面的控制"。[①] 知

---

① 安东尼·吉登斯：《社会的构成：结构化理论纲要》，李康、李猛译，中国人民大学出版社，2016 年，第 71、18 页。

识生产是社会系统再生产的重要组成部分，在它的生产过程中，规则这种结构性因素固然必不可少，它决定了知识从生产到传播的整个流程，往往以制度和机构的形式发挥作用，也大致确定了知识在整个人类社会的分布状态；规则的落实离不开资源的调用，是资源的调度与分配，最终使规则能够落地，使知识的生产和传播成为现实。

　　依照吉登斯对结构性要素的划分，GPT 更像是某种配置性资源，但它与人类历史上曾经存在过的知识生产中所涉及的其他配置性资源（如竹简木牍、笔墨纸砚，纸莎草纸、羊皮纸，印刷机等）都不同，它首次以非人类要素的"身份"与人类平起平坐地介入了知识本身的"生成"之中。在分析现代制度时，拉图尔（Bruno Latour）曾说："现代人天真地认为，他们成功地进行了这样一种扩展，仅仅是因为他们小心翼翼地将自然和社会（以及那被搁置的上帝）分割开来，事实上，他们取得成功恰恰因为他们将更大量的人类和非人类混合起来，他们并没有搁置任何东西，也没有排除任何联合。"[1] 人类所居于其间的并非"社会的社会"，而是"联结的社会"[2]；也就是说，现代人的诞生，是联结的结果，而非他们所强调的"纯化"的结果，他们自以为傲的现代（自然与社会的二分，人与非人的二分），其实从未存在过。

---

[1]　布鲁诺·拉图尔：《我们从未现代过：对称性人类学论集》，刘鹏、安涅思译，苏州大学出版社，2010 年，第 47—50 页。

[2]　Bruno Latour, *Reassembling the Social: An Introduction to Actor-Network-Theory* (New York: Oxford University Press, 2005), 15.

拉图尔的上述观点，对于我们看待人类社会的知识史仍然有效，特别是如今 GPT 直接介入知识生产的情况下，未来的知识形态和知识格局，将是人类要素与非人类要素共同起作用的结果，在奠基于信息的知识产品的形成上，GPT 这种非人类要素所起的作用、所占的比重恐怕会越来越大。

（二）GPT 将使人类的知识呈现"杂合""未完成状态"，其准确性和权威性遭遇冲击

在人类知识史上，知识的"混杂"状态是很常见的。所谓"知识混杂"，是指在特定知识文本的流传过程中，被人为地加入初期知识文本中不曾有的内容的现象。在古希腊，常有富有的作者购买别人的手稿，修改后或者直接署上自己的名字交由出版商出版。柏拉图就曾被同时代人指控花费巨资买下毕达哥拉斯学派学者菲洛劳斯（Philolaus）的手稿，"从中'东拼西凑'出了自己的全部学说"[1]。在知识文本的流传过程中，原本经过缩减、扩展或改写，常常变为另外一个新文本，新旧文本有可能并行流传，新文本也可能取代旧文本，随着时间的流逝，新文本还有可能与旧文本再度混合甚至是与其他变本混合，衍生出更多的文本[2]，荷马史诗就是此类"知识混杂"的典型。菲利普·扬认为，荷马史诗在不同历史时期的不同地域形成了多个

---

① H. L. 皮纳：《古典时期的图书世界》，康慨译，第 51—52 页。

② 雷诺兹、威尔逊：《抄工与学者：希腊、拉丁文献传播史》，苏杰译，北京大学出版社，2015 年，第 245 页。

不同形式的"定本"，这些定本可能是口头传播与写本共同作用的结果。[①] 弗雷德里克·凯尼恩则指出，荷马史诗先有写本，后有口头流传："《伊利亚特》和《奥德赛》是以文字书写的形式撰作的，而且有其抄写副本以便游吟者记诵同时控制其讹变。"[②] 普法伊费尔（Rudolf Pfeiffer）的观点则是："时至公元前 8 世纪末，《伊利亚特》及《奥德赛》已经基本成型。……一定存在某种限度，逾此则游吟歌者不能任意自行添加或者改换史诗文本的面貌。"[③] 无论如何，可以认定，在一定时期和一定范围内，荷马史诗存在多个不同"混杂文本"。当然，在欧洲历史上，影响力更大的圣经，也被看作被多次"污染"的"混杂"文本，它一度被认为是圣徒保罗改编了耶稣的文本[④]，后世更是经历了不知凡几的文本污染。[⑤]

　　GPT 之前，人类历史上的知识文本，尤其是经典文本，即使原本遭遇了"污染"、经历了复杂的"知识混杂"过程，但借由文献学、目录学等，依然可以大致梳理和辨识出文本的"家

---

① P. H. Young, *The Printed Homer: A 3000 Year Publishing and Translation History of the Iliad and the Odyssey*, 26–46.

② 弗雷德里克·G. 凯尼恩：《古希腊罗马的图书与读者》，苏杰译，第39—42页。

③ 鲁道夫·普法伊费尔：《古典学术史：自肇端诸源至希腊化时代末》，刘军译，北京大学出版社，2015 年，第6—7 页。

④ J. Tabor, *Paul and Jesus: How the Apostle Transformed Christianity* (New York: Simon & Schuster, 2012), 1–21.

⑤ B. Ehrman, *Misquoting Jesus: The Story Behind Who Changed the Bible and Why* (New York: HarperCollins Publishers, 2005), 207–218.

族脉络"。GPT 时代的来临，令 GPT 这种智能不断增强的非人类知识生产者以前所未有的态势进入人类的知识生产领地。GPT 改变了以往人类独占知识本身生产场域的图景，构造出一个人类与非人类齐头并进的知识生产新格局。在这种新格局中，它"联结"了弥漫整个自然空间与社会时空的"网络"。而且，这个"网络"并非静态，它是一个"行动者的网络"，一直处于运动、流动与变化之中。① 人类要素与非人类要素的"杂合"作用，导致 GPT 参与的知识文本始终处于运动与流变之中，呈现出一种"未完成状态"。值得一提的是，与前述人类历史的知识文本可以追踪"文本家族"不同，GPT 的知识文本没有来源，很难追溯源流，其可靠性、准确性很难判断，由此也将导致权威性不足的后果。

（三）GPT 介入知识生产，将使人类生存境遇面临重要改变

首先，从人与知识之间的关系层面看，GPT 参与人类知识生产有可能产生"遮蔽效应"，使人类遗忘了获取知识的初衷。更有甚者，人类自身在知识生产中的地位也有可能发生本质性的变化，从主导者变为参与者，甚至成为被动接受者。GPT 作为现代技术体系中的"新进者"，同样体现了技术与人类之间的关系。依海德格尔的判断，技术不仅是一种手段，"技术乃是一种解蔽

---

① B. Latour, *Reassembling the Social: An Introduction to Actor-Network-Theory* (New York: Oxford University Press, 2005), 143.

方式"；"现代技术的本质"是"集置"，"集置意味着那种摆置的聚集者，这种摆置摆置着人，也即促逼着人，使人以订造方式把现实当作持存物来解蔽"。[①] 海德格尔的"解蔽"是对自然事物状况的一种新认识以及在此认识基础上对它所进行的开发和使用。但是，"解蔽"的同时，也是"遮蔽"，"遮蔽"这一观念所揭示的是人对自然事物的"解蔽"之前的一种精神想象的、非实用性的遗忘。对于知识的生产而言，亦可作如是观。有了 GPT，我们更看重的是它强大的实用性和信息搜索集成能力，而对于知识生成之中人的思维运作以及"上穷碧落下黄泉"的知识搜集过程中的生命展开之过程，则忘得一干二净。遗忘的同时，也彰显着人类自身在知识生产格局中地位被悄然置换的过程——正如斯蒂格勒所言："技术从表面看是人类的力量，而实际上它似乎对它的力量（也可以是它的行为）自治，以致妨碍了人的行为，即妨碍传播、决策和个体化。"[②] 在未来的知识生产格局中，GPT 有可能与人类分庭抗礼，也有可能喧宾夺主。

其次，GPT 有可能成为知识鸿沟进一步加深甚至成为人类分层分化的"加速器"。对于 GPT 的横空出世及其对人类自然语言超强的高仿能力，人们洋溢着一种乐观的情绪。有研究者就指出，ChatGPT 开启了人类的智能互联时代，是对人类的重大

---

① 海德格尔：《演讲与论文集》，孙周兴译，生活·读书·新知三联书店，2005年，第10、19页。

② 贝尔纳·斯蒂格勒：《技术与时间：爱比米修斯的过失》，裴程译，译林出版社，2000年，第16页。

赋能赋权。[①] 从 GPT 的飞速迭代和它在社会各领域可能的各项运用看，这样的判断自有其道理。但在其高度智能化、高度效率化的背后，也可能潜藏着对人类生存格局的重构。早在尚未有高速互联网和当下人工智能的 1988 年，科学史家乔治·巴萨拉（George Basalla）就指出："在技术发展与人类处境的整体改善之间存在着松散联系。所以，我们必须断然抛弃流行的，然而却是错误的技术进步说，代之以一种我们自觉培养的对人造物世界多样性的正确评价。"[②] 人类对人造物世界的正确评价，也就是在看到技术带来诸多便利甚至是重大利好（如前述赋权赋能）的同时，能够反思技术背后不太显而易见的东西。正如一位历史学家所言，当代社会，人类"已经就像是一枚又一枚小小的晶片，装在一套大到没有人真正理解的资料处理系统中"，我们固然还不需要担心"机器人"，但是必须"提防机器人的主人"。[③] 人们期望的是 GPT 能够成为可以人人共享的知识生产和人机、人际沟通工具，但从技术社会史发展的一般规律和 GPT 技术开发者目前对其技术资源的处置方式看，它极有可能和以往技术史上的其他技术一样，成为少数人掌控的资源，用以支配其他人命

---

① 喻国明：《ChatGPT 浪潮下的传播媒介与生态重构》，《探索与争鸣》2023 年第 3 期。

② 乔治·巴萨拉：《技术发展简史》，周光发译，复旦大学出版社，2000 年，第 235—236 页。

③ 哈拉瑞：《21 世纪的 21 堂课》，林俊宏译，远见天下文化出版有限公司，2018 年，第 75—81 页。

运以达成自身目的之途径。若这种情况发生，多数人就会和 GPT一样，成为 GPT 的主人们"解蔽现实"的持存之物。

最后，GPT 也有可能会改变人类的交往方式，使个体成为信息海洋中的"孤岛"，"孤单—求助 GPT—孤单加剧—继续求助 GPT"的循环怪圈可能成为人类生活的常态。GPT 介入知识生产将导致信息快速增殖，可以预见，这种增殖会在短时期内超越人类历史上的任何时期。人类将在信息与知识的海洋中看不到尽头，也辨不清方向。刘慈欣在《三体》中描绘了一种特殊时刻的"信息雪崩"状态："各种尺寸的窗口从所有方向涌现，像彩色的雪崩，很快埋住了原有的几个显示太空工程实时画面的大窗口。人们把这种现象称为'窗口雪崩'，它的出现意味着突发的重大事件。但这种突发的信息洪水往往使人在震惊中很长时间不知所措，反而搞不清到底发生了什么——"[1]这种"信息雪崩"的状况，则是"技术爆炸"的结果："……技术爆炸。……技术飞跃的可能性是埋藏在每个文明内部的炸药，如果有内部或外部因素点燃了它，轰一下就炸开了！"[2]ChatGPT 甫一面世，我们似乎就已感知到了"技术爆炸"的威力以及随之而来的"信息雪崩"的前景。阿西莫夫（Isaac Asimov）在 1957 年的作品《裸阳》（*The Naked Sun*）中刻画了索拉里星球上外星族的生活：人们绝大多数时间面对的不是其他人类个体，而是各式各样的智能机

---

[1]　刘慈欣:《三体 III·死神永生》，重庆出版社，2010 年，第 318—319 页。
[2]　刘慈欣:《三体 II·黑暗森林》，重庆出版社，2008 年，第 445 页。

器人（大部分人 90% 以上的时间与机器人共处）。机器人之间构建了可以相互融通信息、协调行动的机器人网络，形成一个特征鲜明的"人"与"非人"共处的社会。每个人生活的"领地"相隔遥远，各自生活的空间常常是"领地"上独立的建筑，多达数十个房间。每个人都孤独地活在自己的"城堡"里。[①]刘慈欣与阿西莫夫撰写的虽然是科幻作品，但他们以极富前瞻性的洞见提示了人类已经到来或即将面临的生存处境。对于人类的知识生产而言，GPT 就是一次"技术爆炸"，它使人工智能不仅获得了形式上与人类平起平坐的地位（这是质的飞越），还展示出在知识生产效率上超越人类的潜能（这是知识生产效率的提升）。信息与知识的丰富固然可喜，但也会使人陷入无所适从的境地，《三体》中"信息雪崩"的"重大时刻"或将成为人类生活的日常，而面对形态各异、蜂拥而至的信息与知识，人类也可能陷入索拉里星上外星族的精神孤立状态。

结　语

回到辛弃疾，《水龙吟·昔时曾有佳人》的语句虽化用的俱是此前文本，但它折射着词人对其身处时代与社会情境的深切情

---

① 艾萨克·阿西莫夫：《银河帝国 10：裸阳》，叶李华译，江苏凤凰文艺出版社，2013 年，第 35—54 页。

感——表达了作者对南宋朝廷耽于逸乐、不肯北伐收复失地的不满。这首词，文本形式上是从旧的，但意向对象上是全新的①，词

_____

① 辛弃疾此例并非个案，此类现象在中国古代诗词创作中是很常见的，历代著名的诗词歌赋中，存在大量这样相互借鉴的互文性作品。例如，陈尚君就指出，陈子昂《登幽州台歌》中的"前不见古人，后不见来者"系南朝宋孝武帝刘骏评判谢庄《月赋》时的用语，他还认为，这首诗出自陈子昂友人卢藏用为其编遗稿时所撰的《陈氏别传》，并不见于所编遗集，但陈子昂的《蓟丘览古赠卢居士藏用七首》确实涵括了《登幽州台歌》"前不见古人，后不见来者。念天地之悠悠，独怆然而泣下"各句诗之意；特别是"前不见古人，后不见来者"句，除了在宋孝武帝处可以找到"源头"，再往前推，屈原的《远游》亦表达相近之意（参见陈尚君：《〈登幽州台歌〉献疑》，《东方早报》2014 年 11 月 23 日）。李白的《登金陵凤凰台》被认为是对崔颢《黄鹤楼》的借鉴与挪用，而《黄鹤楼》又沿袭了初唐诗人沈佺期的《龙池篇》。对此，商伟援引江西诗派的诗词观点说："诗歌文本的互文关系显然大于它与呈现对象或指涉对象之间的关系。……诗人之间的角逐竞争也正是在文本的场域中展开的，与他们诗作所涉及的对象世界并无直接关系。"（参见商伟：《题写名胜：从黄鹤楼到凤凰台》，生活·读书·新知三联书店，2020 年，第 87 页）商伟从诗歌本身及诗歌创作入手，看重的是诗人之间的"竞技角逐"和摆脱"影响的焦虑"的努力。但是，这些不同时代的诗歌创作，除了形式上的相近，辞藻上的趋同，还有更多的差异在。具体而言，宋孝武帝的"前不见古人，后不见来者"与陈子昂的"前不见古人，后不见来者"指向的外在事物迥然有别，所要表达的意境与个人情感的体验亦相去甚远：陈子昂时在军旅之中，为唐军的作战计划曾屡次尝试进言献策，均遭挫折。当他登台望远，遥想燕昭王、太子丹，不禁悲从中来，作诗七首，既是凭吊，亦是述己。李白的《登金陵凤凰台》也与崔颢的《黄鹤楼》不同，更与沈佺期的《龙池篇》有天壤之别。研究者认为，沈佺期《龙池篇》所要表达的是"圣天子君临天下，万国来朝的威风"，崔颢《黄鹤楼》则是诗人"逐渐觉得前景渺茫，看透世事沧桑……感到人生虚幻而写下的作品"（参见黄天骥：《唐诗三百年》，东方出版中心，2022 年，第 35、176 页）。李白的《登金陵凤凰台》"将感怀历史与关切时政的心事打成一片"，（转下页）

作的生成处处彰显出词人的反思精神。法国启蒙运动时期，百科全书派的思想书写，形式上是对欧洲既有知识的再造，但这种再造的知识背后亦是狄德罗、若古等人所意向的法国乃至欧洲社会。因此，GPT 的知识生产，形式上或许与人类上述生成知识的过程极其类似，但二者的关键差异在于，人类不仅是对既有知识文本的重组，而且在文本重组的过程中，意向着新的对象，重构了文本的意义，生成了全新的文本。

虽然在知识生产机制上与人类不同，但不容忽视的是，GPT 介入知识生产，一个显而易见的事实是它以拥有强大智能的"非人类实体"的身份成为人类知识生产场域中强有力的参与者，其显在和隐性的社会效应将逐步显现。从目前看，GPT 尚未具备人类的反思意识，也没有"否思"的品性，它依然是一个既成知识的生产者，并没有生成知识的能力。从这个角度看，GPT 的不完善，其实是对人类价值的肯定，是对人类创造知识的优先性的一种褒扬。GPT 生产的知识确实是没有意向对象的，它形成知识文本的过程是依靠逻辑关系实现的，但人类的参与，在一

（接上页）"抒写对玄宗的思念之情，并表达对朝政的关注"（参见薛天纬选注：《李白诗选》，人民文学出版社，2017 年，第 156—157 页）。从这个角度看，商伟所谓诗人通过文本而进行角逐，"与他们诗作所涉及的对象世界并无直接关系"，显然有些极端了，若如此，不同诗人的创作，至少在形式上就和 GPT 的"书写"差异不大了，事实上，人的创作与 GPT 的"书写"，形式上虽相近（其实也有很大差异，人对诗歌语言的选取有更多可能性），但其意向对象和情感表达上，则有本质差异，二者的区别恰恰在于"对象世界"这一关键要素。

定程度上使得人类与 GPT 一问一答的"杂合文本"有了某种"弱意向性"，特别是 GPT 生产的杂合知识文本若经过人类的深度再加工，其意向性的特质就更加突出。只不过，GPT 介入知识生产后，人类也将不得不面对"杂合知识"急遽扩充的局面。

　　从另一个角度看，GPT 或许可以提高人类精神生活或物质实践的效率，但它的背后代表着人类的分化，掌握技术的少数人对相关技术的垄断，有可能使他们实现对未能掌握技术的人的宰制。此外，若 GPT 真如有些人断言的那样将会逐步拥有人类的"反思性"和"否思"的品性，人类必将面临与 GPT 这种"新的类人类"的全新关系——在知识生产中，主导者与参与者的地位也将面临新调整。换言之，GPT 介入知识生产，必将大大改变人类未来的生存境遇，我们应对其狂飙突进的迭代更新态势给予重新审视，对于其可见及不可见的社会效应，也需要做更进一步的深思。

第二部分　地方经验

第四章
印刷物中的形象建构：
苏格兰启蒙运动中的媒介因素

　　启蒙运动究竟是一个整体性的思想运动，还是由彰显各地域特异知识风貌的诸多思想运动构成，是长久以来聚讼纷纭的话题。1900年，出身于北爱尔兰的格拉斯哥大学亚当·斯密政治经济学讲席教授威廉·罗伯特·司各特（William Robert Scott）提出"苏格兰启蒙运动"这一学术概念，认为18世纪的苏格兰启蒙运动具有区别于其他地域启蒙运动的显明特征。撇下其他条件不说，18世纪的苏格兰，能用以耕种和放牧的地域仅占全部疆域的四分之一，可谓贫穷落后，经济水平不高；全部人口中，除却说盖尔语的苏格兰高地人，就是操苏格兰方言的苏格兰低地人。在当时的英格兰人看来，苏格兰人无疑"粗鄙无文"，从哪个角度看，似乎都没有"苏格兰启蒙运动"生发的土壤。

　　可是，近代苏格兰历史的吊诡之处在于，站在18、19两个世纪之交的路口回望，人们惊讶地发现，在18世纪的英国，"最杰出的哲学家、政治经济学家和许多知名的社会思想家、重要的科学家、医学家甚至修辞学家和神学家都来自苏格兰"[1]。或许正是因为这种强烈的反差，理查德·B. 谢尔（Richard B. Sher）说："苏格兰启蒙运动本身仍然是一个谜。"[2]

　　关于启蒙运动的研究历来不乏其人，相关著述虽算不上汗牛充栋，但也确实可称得上琳琅满目了。如何破解这个"谜"？研究者给出了不同的"答题路径"。首先，更多的研究者是从思想本身着手的，例如，恩斯特·卡西尔的《启蒙运动的哲学》、罗伊·波特的《创造现代世界：英国启蒙运动钩沉》等。曾获美国国家图书奖且受众广泛的彼得·盖伊的《启蒙时代》似乎努力拓宽"启蒙运动"的视域，在思想家的文本之外，呈现不少"社会语境"，希望让人们一窥启蒙运动何以发生——在该书下卷《启蒙时代（下）：自由的科学》前言中自谓："本卷自成一体，不妨视为一部启蒙哲学的社会史。"[3]但通观全书，我们发现，盖伊的"社会史"并非学科意义上的社会史，他所铺陈的乃是启蒙哲人"文本"中呈现的那个时代的"社会"（如彼时思想家文本中讨论的国王权威、商业精神、宽容、礼仪、医学、女性、儿童等等），而非启蒙运动何以展开的社会史。其次，少数的研究者

---

[1]　亚历山大·布罗迪编：《苏格兰启蒙运动》，贾宁译，浙江大学出版社，2010年，第23页。

[2]　Richard B. Sher, *Church and University in the Scottish Enlightenment* (Edingurgh: Edinburgh University Press, 2015), 2.

[3]　彼得·盖伊：《启蒙时代（下）：自由的科学》，王皖强译，上海人民出版社，2015年，前言。

从书籍这种媒介与出版业这个行业入手，将社会机构的运作置入启蒙运动研究中，提供了思想家"文本"之外的启蒙运动展开的复杂、动态的历程，无疑是真正意义上的启蒙运动社会史研究。1958 年，费夫贺（Lucien Febvre）、马尔坦的《印刷书的诞生》以年鉴学派特有的视角和翔实的数据钩沉了谷登堡活字印刷术在欧洲启蒙运动中对民族观念、方言兴起等诸方面的推动作用，是从媒介看思想传播的先声；1979 年，伊丽莎白·爱森斯坦的《作为变革动因的印刷机》虽然论及的是印刷与文艺复兴、宗教改革和科学革命之间的关系，对于启蒙运动仅仅是提供了"一个适当的序幕"，但她对问题的研讨，已然为后世研究启蒙运动中的"媒介动因"指明了方向。同一年，罗伯特·达恩顿的《启蒙运动的生意》以扎实的档案文献、跌宕起伏的事件、生动细腻的笔触，为启蒙运动社会史的研究树立了典范。理查德·B. 谢尔认为，前一种研究路径可称之为启蒙运动的"思想史"研究，关注的是"狭隘的文本而不是广泛的语境"，后一种研究路径可称之为"思想的社会史"研究，更加看重思想产生与传播的"社会和制度维度"①。

　　《启蒙与书籍：苏格兰启蒙运动中的出版业》（后简称《启蒙与书籍》）是理查德·B. 谢尔力图从启蒙运动的社会史视角解开苏格兰启蒙运动之谜的精雕细琢之作，为我们洞察穷乡僻壤的苏格兰在 18 世纪何以成为那个时代的思想灯塔提供了新视野。

---

① Richard B. Sher, *Church and University in the Scottish Enlightenment*, 7–9.

图 4-1　芝加哥大学出版社出版的　　　图 4-2　商务印书馆出版的《启蒙与
《启蒙与书籍》英文版　　　　　　　　书籍》中文版

一　借由媒介的自我技术化

　　20 世纪下半叶，英国伯明翰学派鹊起，学者们在文化研究中将受众置于凸显地位，强调后者在文化意义生成过程中的主导地位；与此同时，"接受美学""作者之死"亦先声夺人。在此类思潮影响下，阅读史逐渐兴起，成为令人瞩目的研究领域。从某种程度上讲，卡洛·金茨堡（Carlo Ginzburg）那部颇获盛誉的微观史杰作《奶酪与蛆虫》所呈现的磨坊主梅诺基奥的精神世界的形成也颇有阅读史的味道。但谢尔认为："从根本上说，出版比阅读和读者的接受更重要，因为在 18 世纪（不像现代的电子世界），文本不能以纸质书的形式广泛流传，自然也不可能有大量读者。"[①] 相比以往，拥有"更多读者"正是苏格兰启蒙运动得以兴起的重要原因，也是苏格兰思想家走向思想世界舞台的关键。

其实，在苏格兰启蒙运动兴起之前和兴起初期，作者们尚不太在意自己的作品是否有大量读者，他们出版著作，更多的是博取名声，而博取名声的一个绝佳途径是获得"大人物"的青睐。有权有势的王公贵族，为了成就自己一世英名，常常不吝于一掷千金，资助作者出版作品；而希求能够通过写作扬名立万的作者，也投桃报李，以题献的方式换取前者的欢心与资助——通过此种方式的合作，作者获得了书籍出版的资金，资助者则通过别人的写作多了一条通向"不朽"的路径。这就是源于古希腊和古罗马时期的赞助人制度。赞助人制度源远流长，至 18 世纪的英国，依然盛行。1747 年，为《绅士杂志》撰稿经年声名鹊起的萨缪尔·约翰逊接受书商罗伯特·多兹利（Robert Dodsley）建议，筹划编一部英语词典。当时参与其事的书商除了多兹利，还有查尔斯·希契（Charles Hitch）、安德鲁·米勒（Andrew Millar，苏格兰人，彼时英国最成功的出版商）、朗曼兄弟（Longman）和纳普顿兄弟（Knapton）。契约规定，约翰逊

[①] 理查德·B. 谢尔：《启蒙与书籍：苏格兰启蒙运动中的出版业》，启蒙编译所译，商务印书馆，2022 年，第 25 页。

三年完成编纂，酬金 1575 英镑——这笔钱相当于 21 世纪初的
165375 英镑，以三年期算，是一笔不菲的报酬。可是，词典卷
帙浩繁，约翰逊又倾力而为，雇用了一个编纂班子，平时的笔
墨纸砚也都是自掏腰包，更要命的是，三年很快过去，词典才
完成了三分之一不到，还算丰厚的酬劳，眼见捉襟见肘。困厄
之中，约翰逊想起了当初词典计划书对外发布时，曾将其题献
给英国国王宠信的国务大臣切斯菲尔德勋爵（Lord Chesterfield），
便向其求助，没想到却多次遭遇冷待。1775 年，《约翰逊词典》
终克完工，事先风闻此事的伯爵，立刻意识到这部词典乃是足
以传之后世的经典，遂一改先前冷漠态度，在《世界日报》撰文
两篇，盛赞"约翰逊先生完成了一部令人神往的作品……再也
没有比这更准确、更优雅的表达了"，暗示约翰逊兑现前言，将
词典题献给自己。愤怒的约翰逊对伯爵的甜言蜜语嗤之以鼻，
认为他的谀词"虚假且空洞"，并于 1755 年 2 月 7 日致信伯爵说，
"生平从未领受'恩主'之惠，如今蒙受此种嘉誉，实不敢当"，
"往昔余对阁下殷勤以侍，却被拒于千里之外"，"七年间，无一
人之助，无一言之慰……所谓'恩主'，与余无缘"。[1] 谢尔认为，
这个著名的文坛公案"暗示了 18 世纪的一个普遍趋势：赞助者
从贵族变为书商，或者更确切地说，应该是出版商"[2]。

---

[1]　James Boswell, *The Life of Samuel Johnson* (London: Encyclopedia Britannica, 1952), 70–71.

[2]　理查德·B. 谢尔:《启蒙与书籍：苏格兰启蒙运动中的出版业》，启蒙编译所译，第 175 页。

图4-3　萨缪尔·约翰逊，英格兰18世纪最负盛名的文人，与出版商往来密切，但其将出版商贬低为技术阶层的看法和观点，也使他和出版商关系微妙

图4-4　1775年，经历多年艰辛劳作，《约翰逊词典》终克完工并出版。其间，约翰逊与赞助人的恩恩怨怨也成为文坛热衷的话题

　　从作者与社会的关系层面看，赞助人制度其实是一种特殊形态的作者"自我技术化"的努力。福柯认为，自我技术"使个体能够通过自己的力量，或者他人的帮助，进行一系列对他们自身的身体及灵魂、思想、行为、存在方式的操控，以此达成自我的转变，以求获得某种幸福、纯洁、智慧、完美或不朽的状态"[①]。在赞助人制度中，通过书籍这种知识呈现的实体物质，作者和赞助人都拥有了从某种程度上"操控"或"调整"各

① 米歇尔·福柯：《自我技术》，汪民安编，北京大学出版社，2016年，第54页。

自身体的手段，通过这种"自我技术化"的努力，还各自实现自身的目的。因为有赞助人的资助，作者更看重的是个人声望（有了大人物的"背书"，不少作者会一举成名。据鲍斯威尔记载，约翰逊就非常钦羡和享受大人物的赞誉），而非书籍阅读者的多寡。谢尔所提到的英国 18 世纪的这种从"贵族"到"出版商"的转变，则预示着，此际的作者必须要转向追求"大量读者"了。

如何才能拥有大量读者？这显然离不开书籍这种媒介，离不开出版这个行业，更离不开苏格兰启蒙文人借由媒介而展开的一系列"自我技术化"的精心谋划。相较于约翰逊这样的英格兰文人而言，大卫·休谟具有更强烈的成名动力——作为苏格兰人中的一员，"既对自己国家伟大的过去引以为豪，又对其糟糕的现状深感羞耻"[1]，"面对民族接连遭受的损失和挫折……休谟的苏格兰文人圈子自发地尝试通过他们在智力上的成就来给自己的苏格兰民族带来名声和荣誉"[2]。因此，如何通过自己的智力活动，彰显苏格兰的伟大，就不仅是个人私事，成名的背后，还关涉民族荣辱。休谟 1711 年出生于爱丁堡一个颇为殷实的家庭，母亲是法院院长的女儿，父亲亦从事法律工作，还有一处传承了两个世纪的家族庄园。作为三个孩子中最小的一位，依照当时的法律，他不能继承家族遗产，每年仅有 50 英镑的家族遗赠。

---

① 亚历山大·布罗迪编：《苏格兰启蒙运动》，贾宁译，第 11 页。

② 理查德·B. 谢尔：《启蒙与书籍：苏格兰启蒙运动中的出版业》，启蒙编译所译，第 38 页。

十三岁进入爱丁堡大学读书的他，凭借写作谋求个人发展似乎顺理成章。且不论社会环境已使赞助人制度日薄西山，即使赞助人制度依然盛行，他也不可能通过约翰逊一度梦想的赞助人这种"自我技术化"的尝试在社会上获得上升通道。休谟是个怀疑论者，在当时宗教氛围依然浓厚的18世纪，任何稍有微名的名流和机构都不会赞助他这样的异教徒。休谟的方式是通过媒介"自我技术化"。首先，他对自己的"文本"非常重视。休谟将书籍读者的多寡看作成功与否的重要标准，为此颇费心力。1739年，二十八岁的休谟在出版商约翰·努恩的公司出版了《人性论》的前两卷，不仅读者寥寥，在文人圈子里也没有什么反响。努恩版首印的1000册在休谟有生之年都未曾售罄。但他很快调整了策略，在与苏格兰出版商安德鲁·米勒和金凯德的合作中，他不仅改写了《人性论》，使之更易懂，在后续的创造中，还有意识地"以一些更容易理解的随笔作为框架，将那些哲学随笔穿插其中"[1]。在《英格兰史》的初版和再版中，他更是一再修改，力求达到理想化的状态。在他看来，文本是作者的象征，抵达读者手中的书籍，也就成了作者的化身。也正因为此，直至晚年，他仍然不承认早期"失败"的《人性论》是他的作品："真正合法的、能代表他的作者本质的作品是他自己认可的作品，而不是他实际写作或出版的作品。"[2]

---

[1]　理查德·B. 谢尔：《启蒙与书籍：苏格兰启蒙运动中的出版业》，启蒙编译所译，第39页。

[2]　同上，第45页。

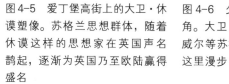

图4-5　爱丁堡高街上的大卫·休谟塑像。苏格兰思想群体，随着休谟这样的思想家在英国声名鹊起，逐渐为英国乃至欧陆赢得盛名

图4-6　夕阳中的爱丁堡大学一角。大卫·休谟、詹姆斯·鲍斯威尔等苏格兰思想家、学者曾在这里漫步

其次，对文本之外的媒介要素极为重视，将其看作"达成自我转变"的重要载体。当代的研究者认为，"媒介再也不能被视为中立、透明，或被视为它所传播的信息的附属品、补充物而被打发掉"，"媒介构成了经验与理解的基本结构和准超验标准"。①虽然三百年前的休谟未曾见识到当代媒体已经成为当下人们居于其间的环境，但他在一定程度上与上述对媒介的认识心心相

---

① W. J. T. 米歇尔、马克·B. N. 汉森：《媒介研究批评术语集》，肖腊梅、胡晓华译，南京大学出版社，2019年，第1页。

通。休谟对所出书籍的开本非
常重视，1758 年版的《杂文与
论文若干》出版前，他就致信
出版商，要求以四开本的形式
出版。在他看来，四开本是作
者身份的象征，只有尊贵的作
者才有可能采用这样的形式出
版作品。在当时苏格兰人常常
受到轻慢的社会背景下，在伦
敦推出四开本的著作，使休谟
觉得这种"媒介形式"能传达
出苏格兰人的思想并非低人一
等，让人（特别是自己和苏格
兰同胞）有扬眉吐气之感。果

图 4-7　大卫·休谟《杂文与论文若
干》中插入了一张肖像画家创作的
休谟肖像版画，提升了作者在读者
心目中的形象与地位

不其然，1776 年 3 月 20 日，鲍斯威尔陪同约翰逊访问牛津大学
彭布罗克学院，当二人在约翰逊曾经的老师威廉·亚当斯的书
房里看到休谟的《杂文与论文若干》不仅用了四开本，竟然还用
了精美的摩洛哥羊皮时，大为不满，在日记中对休谟大加挞伐。

　　休谟亦很看重书中的肖像画，在他看来，这可以向读者和社
会直接传递作者的信息，使他们对作者产生直接的感知与经验。
1768 年版的《杂文与论文若干》附有休谟的一幅肖像画，是雕
刻师根据名画家约翰·唐纳森的画作雕版而成。照片中休谟带着
假发，神情庄重，且采用的是侧面像，而没有采用当时更为常见

的画家艾伦·拉姆齐创作于 1754 年的画像——后者是中年发福的休谟，或许更接近休谟本人，但休谟肯定觉得前者更能体现他的文人风貌。此外，还有语言问题。那个时代，能够运用纯正英语的苏格兰人很少，英格兰人也常常取笑苏格兰人蹩脚的英语。1759 年，威廉·罗伯逊的《苏格兰史》出版后，英格兰名流霍勒斯·沃波尔就对罗伯逊竟能写出如此"纯粹、得体"的英语表示惊讶，甚至还有谣言说这是因为罗伯逊曾"受教于牛津"[①]。罗伯逊受教于牛津肯定是不实之词，但他的文本是否经过出版商的润色，则值得一问。至少，休谟在作品出版的过程中，曾多次致信出版商，请他们帮助修润语言，去除苏格兰方言的痕迹。

　　对文本、肖像、开本、语言等与媒介密切相关的要素的调用，在苏格兰启蒙文人中相当普遍，除了休谟和罗伯逊，其他如亚当·斯密、托比亚斯·斯摩莱特、威廉·巴肯、罗伯特·彭斯等，都不同程度地运用这些媒介手段"自我技术化"，以彰显苏格兰启蒙文人的卓越与不凡。特别值得注意的是，启蒙文人借由媒介的这种"自我技术化"使他们获得社会声望，而社会声望又令他们在"另一种形式的赞助人制度"中实现了职业生涯的成功，反过来，职业生涯的成功进一步支撑了他们的写作和进一步的"自我技术化"。谢尔就指出，"尽管贵族赞助人不太可能让作者住在自己家里，也不太会为他们的学问和作品出版直接供给资金"，但他们提供了另一种形式的"赞助"，"这种赞助形式

---

① Richard B. Sher, *Church and University in the Scottish Enlightenment*, 103.

涉及学术职位、教会职务和其他公职，让作者能够拥有舒适的、有时是富裕的写作环境"。[①]苏格兰剧作家约翰·霍姆成名后曾任比特勋爵的私人秘书，当他的戏剧作品遭遇挫折时，比特勋爵不仅为他谋得一项每年 300 英镑的政府津贴，还从政府部门为他找了一个年薪 300 英镑的闲差。声名远播后的休谟，虽因自己的"异教色彩"在谋求爱丁堡大学、格拉斯哥大学等大学的教授职务时屡屡受挫，但他的文名依然使他在苏格兰开明贵族的支持下担任了苏格兰律师会图书馆员一职，这不仅为他带来稳定收入，更为他创作《大不列颠史》（后易名为《英格兰史》重新出版）提供了便利。谢尔还进一步指出，"很多苏格兰启蒙运动的作者拥有专门职位，享受定期、稳定而且往往数量可观的收入，还有来自政府或者其他知名机构的津贴和闲职收入，这个事实影响了他们身为作者的地位"。[②]亚当·弗格森曾任弥尔顿勋爵的家庭教师，1759 年，在勋爵的大力说服下，爱丁堡市议会授予他爱丁堡大学自然哲学教授席位，1764 年又被任命为爱丁堡大学道德哲学教授。这些为他的创作奠定了基础，也使他在思想界赢得持久的声誉，特别是"随着 1767 年著名的《文明社会史论》和 1769 年《道德哲学原理》的出版，弗格森获得了国际声誉，使他成为 18 世纪最重要的道德哲学家之一"。[③]

---

① 理查德·B. 谢尔：《启蒙与书籍：苏格兰启蒙运动中的出版业》，启蒙编译所译，第 175 页。

② 同上。

③ Richard B. Sher, *Church and University in the Scottish Enlightenment*, 119.

二　以媒介为核心的"出版者功能"

稍有名气的作者，都会不由自主地将自身放在知识生产和传播的核心甚至是唯一地位，今古亦然。彼得·盖伊就曾说，启蒙运动有十来个"司令"，每个"司令"身边还有一大批"副官"，他们都是"思想的生产者"，除此之外，参与启蒙运动的就是"司令"和"副官"的"亲兵、攀附者、消费者和销售者"。[①]在盖伊的眼中，出版商大概仅仅算得上"亲兵"或"销售者"吧。18世纪70年代，一次宴会上，有位客人将斯特拉恩和威廉·沃伯顿相提并论，说二者关系密切，结果引来约翰逊的揶揄："那种亲密就好比……大学教授和在大学做维修的木匠之间的关系。"沃伯顿是18世纪英国评论家，曾编辑亚历山大·蒲柏和莎士比亚的作品，在文坛颇有盛名，斯特拉恩是那个时代在伦敦最富声望的苏格兰出版商之一，也是约翰逊的出版商。据说，斯特拉恩后来闻听此言，感到大受伤害。十年后，亚当·弗格森在与斯特拉恩合作一本书时，又把后者当作"技工"对待，引起斯特拉恩的强烈不满。但是，谢尔认为，苏格兰启蒙运动中的"出版者功能"不容忽视，"作为一种分类和厘清各种书籍模式的出版者"具有无可替代的"公共重要性"。爱丁堡和伦敦的重要出版商在苏格兰启蒙运动中承担了更多的责任，"向作者提供个人服务，包括食宿招待和社交支持这些以前由传统的赞助者给予的

---

① 彼得·盖伊：《启蒙时代（下）：自由的科学》，王皖强译，第15—16页。

资助"，"出版者和书商在幕后"扮演着"决定性的角色……他们充当了作者与公众的媒介"。他认为，只有将"贵族赞助者、政府、出版者、'公众'——都纳入考虑范围，才能理解苏格兰启蒙运动中蓬勃发展的出版文化以及其世俗化成功中包含的无穷潜力"。[①]

作者常常会讲"写了一本书"，其实作者写的是"文本"，而非一本书。"文本"和"书籍"之间还需要出版商这个"桥梁"。作为知识产品的一种媒介形态，书籍其实是一种"复合媒介"的实体，也是"复合文本"的存在物。作者的文本之外，还有"副文本"。在热内特看来，书籍的标题与副标题、题献、引言、序跋、注释、译者评注、新版引介、封面、插图、书系及其设计、物质材料等都可以看作"副文本"。其中，有些系作者所为，而像封面、插图、设计及物质材料的选择，则离不开出版商的擘画。热内特认为，"副文本"最重要的属性，是它的"功能性"。与作者文本强调"不变性"的特质不同，副文本特别是属于出版商操持范畴的副文本极具"灵活性""通用性"，是"适应性的工具"，可以轻而易举地将读者从一个世界（现实世界）引入另一个世界（抽象的虚拟世界），很好地适应了"公共空间与时间"的变化。[②]前述休谟等苏格兰启蒙思想家对肖像画的重视，固然有作者"自我技术化"的需求在，但若没有出版商的强力配合，

---

① 理查德·B. 谢尔：《启蒙与书籍：苏格兰启蒙运动中的出版业》，启蒙编译所译，第 180、169、222—223 页。

② Gérard Genette, *Paratexts: Thresholds of Interpretation*, 407–408.

这项书籍媒介之中的"媒介"，是没有办法在书籍中呈现的，也就无缘于作者在读者和公共领域构建自我形象的过程中起作用。特别是，在 18 世纪，作者肖像的雕刻是费时费力的事情，不只是雕刻工匠短缺，供不应求，还有肖像画印制的成本极为高昂：通常一本书的肖像画成本占到除纸张之外的所有费用的 40%，这些仅凭作者的一己之力，是无法做到的。1782 年，在休谟去世六年后，出版商在重印《英格兰史》时，不仅请人重绘了休谟肖像，还将休谟生前所做自传《我的人生》以及休谟好友亚当·斯密的颂扬信加入书中，"创造了强大的类文本效应"，读者也因此"遇到的是一个独一无二的休谟，直观形象增强了文本的描述和作者的自我描述"。[1]18 世纪末，书籍中的肖像画使用成为常态，像罗伯特·彭斯的《苏格兰方言诗集》、外科医生本杰明·贝尔的《外科系统》、约翰·平克顿的《斯图亚特王朝至玛丽女王时代的苏格兰史》、芒格·帕克的《非洲内陆之旅》等，都采用了这种"新媒介"提升作者的可信性和权威性。肖像画这种书籍中的"媒介"，使肖像画家成了炙手可热的文化人物，18 世纪的肖像画家约书亚·雷诺兹生前积累了 10 余万英镑（相当于 21 世纪初大约 850 万英镑）的财富。

　　除了对"副文本"的驾驭，以实现自己的"出版功能"，苏格兰启蒙出版商还常常通过对"文本"的改造，以期实现自己

---

① 理查德·B. 谢尔：《启蒙与书籍：苏格兰启蒙运动中的出版业》，启蒙编译所译，第 148 页。

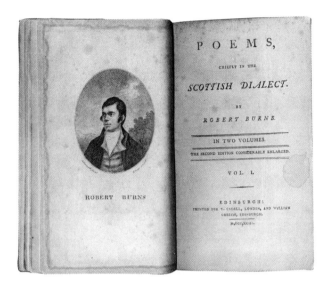

图 4-8　罗伯特·彭斯的《苏格兰方言诗集》（*Chiefly in the Scottish Dialect*）扉页前也有出版商请画家精心绘制的作者肖像版画

的"苏格兰启蒙理想"。对于苏格兰书商特别是将伦敦作为事业所在地的苏格兰书商而言，除作者有意无意间对他们的贬低之外，更常遇到的是外界对苏格兰人的慢待与偏见。因此，如何在书籍生产中实现民族认同，也就成为苏格兰启蒙书商自觉的内在追求。达恩顿在研究《百科全书》出版的时候得出如下结论："启蒙运动存在于别处。它首先存在于哲学家的沉思中，其次则存在于出版商的投机中。"① 这种观点对于法国启蒙运动和《百科全书》的出版或许大致不错，但以此看待苏格兰启蒙运动，则相

① 罗伯特·达恩顿：《启蒙运动的生意：〈百科全书〉出版史（1775—1800）》，叶桐、顾杭译，第 3 页。

去甚远。苏格兰启蒙书商，虽也看重书籍的盈利，但并不将此作为唯一目标，相反，在盈利与民族认同不协调时，他们更有可能将激励民族认同置于出版活动的重心。18世纪中期，数万名苏格兰人、爱尔兰人迫于生计或其他原因移民北美殖民地，其中就有不少书商。18世纪90年代，来自苏格兰的书商托马斯·多布森出版了《不列颠百科全书》，本来可以照搬重印爱丁堡版本，但他雇用知名作者重新改写该书，书中有大量篇幅介绍苏格兰，此外还有苏格兰启蒙运动作者的数十篇传记，不仅令美国人对苏格兰刮目相看，也促进了苏格兰启蒙思想家著作在美国的重印。苏格兰历史学家威廉·格思里（William Guthrie）在去世那年（1770年）经由伦敦的苏格兰书商约翰·诺克斯出版了遗作《地理、历史与商业新法则以及当今几个王国的现状》，据说这本18世纪末最为畅销的书籍并非格思里所写，而是诺克斯鉴于"地理书籍极少考虑到苏格兰，因此制订了一个计划……请求格思里帮助撰写这部作品的必要部分，同时还请他允许我在扉页上使用他的名字"[①]。换言之，诺斯克编纂此书的目的就是张扬苏格兰。18世纪90年代，出生于爱尔兰的书商马修·凯里在美国出版此书，他不仅将书名改为《现代地理学的新系统》，还鉴于钱伯斯的都柏林版增加了太多有关爱尔兰的内容，对自己的费城版做了改造，增加了有关美国的篇幅。或许是出于爱尔兰与

---

① 理查德·B. 谢尔：《启蒙与书籍：苏格兰启蒙运动中的出版业》，启蒙编译所译，第137页。

苏格兰同样不受待见的情感，他经过对"文本"的改写，"将一幅清晰可辨的18世纪苏格兰智力成就的图景传遍了美国"[①]。爱森斯坦在探讨印刷术之于社会变革的功效时提到印刷的"固化作用"，以为印刷术可以使作者的"文本"得以固定下来，并实现大批量、标准化的生产和传播，这对于某一个单一版本、单一印次的书籍可能的确如此，但是若放宽时间的视域，即使某一个作者的作品，在跨越历史长河的流传中，在"固化"的同时还存在"文本的变异"，这种变异在苏格兰启蒙运动期间，绝大多数是由启蒙书商来完成的。这些行为本身增加了成本，可能要冒商业风险，他们之所以这样做，主要在于他们的诉求是多元的，正如谢尔所指出的："伟大的苏格兰启蒙运动的出版者们在担任文化中间人的角色的时候远远不能算中立，我们必须要考虑到他们对个人名声、威望和地位的渴望，他们的苏格兰民族自豪感，他们与一些作者的私人关系（他们常常是真心的朋友），还有他们作为重要思想的传播者和优秀作品的生产者的责任感。"[②]

　　谢尔的研究还发现，借由书籍这种媒介，通过出版实践中的合作，身在伦敦的苏格兰启蒙出版商和植根于爱丁堡故土的启蒙出版商，构建了牢固的合作机制，在18世纪下半叶的英国文化版图上，不仅创造了出版业的奇迹，更为重要的，他们还通过共同努力，促成了苏格兰启蒙思想家的崛起，促进了苏格兰

---

① 理查德·B.谢尔：《启蒙与书籍：苏格兰启蒙运动中的出版业》，启蒙编译所译，第496页。
② 同上，第311页。

图 4-9　托马斯·卡德尔，苏格兰启
蒙运动中的著名出版商，继承了前辈
的事业，将启蒙书籍的出版推向一个
新的阶段

图 4-10　安德鲁·斯特拉恩，继承
了父亲留下了出版王国，继续与苏
格兰同行展开全方位的合作，在书
籍出版领域取得巨大的成功

启蒙运动的展开。安德鲁·米勒和威廉·斯特拉恩都是在伦敦设
立公司的苏格兰书商，前者的出版公司和后者的印刷公司，分
别是"各自行业的龙头企业"。在大部分的职业生涯中，他们与
爱丁堡的故乡同行密切合作。年轻时，爱丁堡书商亚历山大·金
凯德与米勒在爱丁堡共同学师于书商詹姆斯·麦克尤恩，斯特
拉恩又是米勒书籍的主要印刷者，这样的关系，使他们紧密结
合在一起，成为伦敦—爱丁堡出版业轴心的第一代。后来他们的
继承人托马斯·卡德尔、威廉·戴维斯、安德鲁·斯特拉恩、威
廉·克里奇等又延续了合作，构成了第二代伦敦—爱丁堡出版业

合作体系。五十年间，两代人除合作出版了亚当·斯密《道德情操论》《国富论》、亚当·弗格森《文明社会史论》、休谟《英格兰史》、罗伯逊《苏格兰史》、休·布莱尔《传道书》、亚历山大·蒲柏《人论》等著作外，还推出了自然科学、医学、农学方面的诸多著作，如马修·斯图尔特《物理和数学手册》、詹姆斯·弗格森《关于机械学、流体静力学、空气动力学、光学和天文学的选题讲座》、威廉·巴肯《家用医学》、詹姆斯·林德《坏血病专论》、亚当·迪克森《论农业》等。苏格兰启蒙运动在思想领域具有整体性的特征，以现代的眼光看，不仅在文史哲以及政治学、经济学等人文社会科学领域，而且在数学物理医学农学等领域成就斐然，苏格兰启蒙出版商以自身的出版实践，全面传播了这些智力成果。

与此同时，苏格兰启蒙出版商获得了事业上的巨大成功，不仅成为 18 世纪引人注目的文化群体，同时也取得非凡的商业成就。1768 年，米勒去世时，拥有 6 万英镑的个人财产（相当于 21 世纪初的 630 万英镑）；威廉·斯特拉恩的遗产有 10 万英镑（约 21 世纪初的 850 万英镑）；卡德尔去世时的财产达到了 15 万英镑；而安德鲁·斯特拉恩去世时，拥有的财产多达 100 万英镑。苏格兰启蒙出版商不仅自己实现了"财务自由"，他们也使得富有才智的启蒙思想者因书籍出版而"致富"：苏格兰历史学家威廉·罗伯逊包括《苏格兰史》《美洲史》在内的四部作品为作者带来了巨额财富，以 21 世纪初的标准，四部书使他获得 70 多万英镑的收入。出版商对作者亦常常充满温情，颇为慷慨。安德鲁·米勒去世前立下一份遗嘱，他将200英镑遗赠大卫·休谟，250英镑留给他的畅销书作者理查德·伯恩，250英镑给了作者帕特里克·默多克，还给了作者菲尔丁贫穷的孩子们各200英镑。[①]

三　媒介中的文人，媒介中的启蒙

"媒介即讯息"，是传播学者麦克卢汉的精辟见解，他用此言论强调媒介构造了一种"环境"，人类始终存在于各种各样的媒介环境中。其实，从微观层面看，某个单一媒介确实也是"讯息"。从大卫·休谟等启蒙文人对于书籍开本的强调看，不同开本的书籍媒介形态，实际上传达出作者的尊卑与权威性的强弱，联系到苏格兰思想启蒙，又多了一层民族尊严和民族认同的因素在。从符号学的视角看，开本所预示的媒介形态，其实与"文本"本身，都构成了书籍这种媒介必不可少的符号，从传达意义特别是彰显苏格兰民族精神的角度看，二者的作用实则不分伯仲。如果考虑到"媒介"一语拉丁文起源中所具有的"中间""居中"的意涵，则"讯息亦媒介"。休谟、布莱尔、平克顿、彭斯等苏格兰启蒙文人所认可的书籍中的肖像画，其实正是以"居中""中间"的位置架构了人与人（作者与读者，思想家与社会）

---

① 理查德·B.谢尔：《启蒙与书籍：苏格兰启蒙运动中的出版业》，启蒙编译所译，第243页。

之间的关系，建构了作者生动的形象、可信任的权威性。

通过媒介的呈现，苏格兰启蒙文人成了那个时代的"文化英雄"。詹姆斯·鲍斯威尔是大卫·休谟的苏格兰同乡后辈，因宗教信仰问题一度对休谟充满轻蔑与不屑。即便如此，他依然对作为启蒙文人的休谟充满钦佩与仰慕。《伦敦日记》《爱丁堡日记》

图4-11　詹姆斯·鲍斯威尔，出生于苏格兰的文化人，与约翰逊交往密切，撰有《约翰逊传》《与约翰逊同游赫布里底诸岛纪行》等

中有读休谟作品的频繁记载，鲍斯威尔在1763年1月29日的日记中写道，休谟"提升了我的心灵，激发了各种高尚的情感"；1763年2月18日还记载了一则致信休谟期盼得到对方回信的趣事。事情源于鲍斯威尔两个朋友的恶作剧——他们知道鲍斯威尔仰慕休谟，伪造了一封休谟写给鲍斯威尔的信，事后又揭穿真相，令鲍斯威尔大为窘迫。于是鲍斯威尔致信休谟，希冀通过得到休谟回信以战胜导演恶作剧愚弄自己的朋友。他在信中向休谟表示说，"杰出人士的书信价值非凡，会给人一种令人渴望的尊严"，还颇为滑稽地在附言中"引诱"居住在爱丁堡的休谟，"阁下若同意与我通信，您将从我这里了解到伦敦的新闻和

奇闻逸事"。[①] 同样是在 1763 年，休谟有一次出行法国，人未至，却已扰动了巴黎文化圈，狄德罗、达朗贝尔、霍尔巴赫等翘首企盼他的光临并盛情接待了他——原因就在于，"媒介中的休谟"早已在法国深入人心！

　　在苏格兰启蒙文人"文化英雄"的建构过程中，苏格兰启蒙出版商的"出版者功能"必不可少。身为苏格兰人，他们故土情结深厚，虽然从生意出发，他们也看重英格兰的约翰逊甚至是法国的布封这样的饱学之士，但他们无疑更青睐苏格兰的民族同胞，以至于其他地方的作者常常对苏格兰启蒙出版商偏爱苏格兰启蒙思想家的行为充满嫉妒和不满。除前文提到的"出版者功能"外，苏格兰启蒙出版商还通过诸多其他形式的"类文本"形塑苏格兰启蒙思想家。例如，他们在书籍的扉页上标注作者名字的同时，还通常会说明这位作者还是某某作品的作者。通过这样的方式，他们构建了一个延续的、立体的、丰满的著作者形象。他们亦常常编印书籍目录，目录常采用"主题"的方式呈现书籍信息。谢尔认为，出版商这种做法是为了弱化作者而彰显出版者自己的作用。在笔者看来，上述因素或许存在，但从信息传播的角度，苏格兰启蒙出版商这么做，何尝不是另外一种放大作者群体（以知名作者拉动名声不显者）作用的努力呢！

---

① James Boswell, *Boswell's London Journal, 1762–1763* (Edingburgh: Edinburgh University Press, 2019), 192–193.

结　语

在进行苏格兰启蒙运动研究时，谢尔主张用"启蒙文人"而非"启蒙哲人"。在他看来，启蒙哲人过于强调作者的单一作用，而启蒙文人则包含了作者、出版者等诸多参与其中的群体。这样的看法很有道理，至少在苏格兰启蒙运动的展开过程中，我们看到了苏格兰启蒙出版商不可或缺的地位与作用。

进而言之，书籍与出版，俱是媒介：书籍是具体的媒介，它联通了具体的作者、编辑者、出版者与阅读者；出版则是泛化的媒介，它通过种类繁多的书籍与复杂多样的文化实践，与时代共沉浮，成为联结人际、人与社会的桥梁，并构建出文化的意义之网，使社会的运作与维系成为可能。

从微观的层面看，作为媒介的书籍和出版，承载着更为丰富的文化意涵。除承担起制造知识、呈现知识的核心作用之外，它们也是一种形象的媒介，这种媒介同时又是一个不同形态媒介的集合体——"媒介丛"，像苏格兰启蒙运动时期的出版，就汇集了书籍、纸张、人物肖像、风物绘画插图、书目等不同的媒介，知识的生产者通过对诸媒介潜力的开发与调用，不仅构建了自身的媒介形象，也形塑了所在知识共同体甚至是民族共同体的媒介形象，使知识创造活动本身呈现出更加丰富的面向与文化意涵。

第五章
"戏剧中人"的"印刷转向"：
书籍、剧院与莎剧的兴起

1616 年 4 月，英格兰的春天虽已来临，但河冰初解，春寒料峭，万木依然萧瑟，寒气兀自逼人。月初某一日，埃文河畔斯特拉特福小镇的莎士比亚新居，来了莎翁的两位旧相识——迈克尔·德雷顿、本·琼生。二人俱系莎翁同侪，前者比莎翁年长一岁，是颇负盛名的诗人和剧作家，后者在诗歌与戏剧创作上的成就在伊丽莎白时代的英国人眼中堪与莎翁争胜。或许是几年未见，宾主开怀畅饮，谈笑尽欢。不幸的是，时年五十二岁的莎翁竟染风寒，一病不起终致与世长辞。

虽说莎翁在世时即誉满英伦，但在名家辈出的伊丽莎白时代，声名显赫者众，其影响远不如今。从现有文献资料看，他或许至死都未曾想过自己能与日月共辉，成为英国文学艺术的象征，进而走出英伦，跃出戏剧与诗歌，流风余韵，数百年昌炽不衰。风头之健，早已超过同侪不知凡几！

耶鲁大学英文讲座教授、莎士比亚研究专家戴维·斯科特·卡斯顿曾说，莎士比亚从不曾像同时代的剧作家那样"积极追求作者的角色"，对"个体化基本漠不关心，他在戏剧的合作精神里舒适地工作着"，"他从未追求过伟大，但他逝世七年之后，伟大找上了他"。[①]换言之，莎士比亚的追求很简单，安安心心做一个生活无忧的"戏剧中人"，他不曾想过在印刷知识的世界里谋求地位，也不曾想过"不朽"，在文学界确立"神圣地位"，但，"命运"似乎垂青于他，使他在辞世百年之后，达致不朽行列。这种"无心插柳"的局面究竟是如何形成的？

一　媒介—讯息

加拿大的传播学者马歇尔·麦克卢汉 1961 年完成一本新书《理解媒介：论人的延伸》（以下简称《理解媒介》）。开篇第一节"媒介即讯息"中即先后引用三段莎士比亚《罗密欧与朱丽叶》《奥赛罗》《特洛伊罗斯与克瑞西达》的经典台词，并重点指出："如果摘录莎士比亚的著作，我们可以编写一本相当完整的研究人的延伸的手册。"[②]除了"媒介即讯息"这一饱受争议的论断，麦克卢汉的"媒介是人体的延伸"亦引用莎士比亚的戏剧台词强调媒介的力量（例如，他认为"轻声！那边窗子里亮起来的是什

---

① 戴维·斯科特·卡斯顿：《莎士比亚与书》，郝田虎、冯伟译，第 113 页。

② 马歇尔·麦克卢汉：《理解媒介：论人的延伸（增订评注本）》，何道宽译，译林出版社，2011 年，第 20 页。

图 5-1　莎士比亚故居的图片展

么光？它欲言又止"这句台词，指的就是电视），引起了长久而热烈的争论。就连 2016 年初辞世的著名符号学家、意大利哲学家翁贝托·埃科也撰文批判麦克卢汉的"谬误"。

也许埃科等知名学者过于认真了。至少，对于麦克卢汉而言，莎士比亚经典台词，或许是他吸引人的"修辞"手法，抑或是其在这部媒介学著作中"秀一秀"他精湛的英美文学素养！（麦克卢汉早年远赴英伦，在剑桥大学师从文学批评大家瑞恰兹，研治的是英语文学及批评。）在是书中，麦克卢汉曾七次提及莎士比亚，六次直接引用莎翁经典台词，他对莎翁之厚爱，由此可见一斑。

说起来有趣，这本《理解媒介》虽然 1961 年就已完成，但是却延宕至 1964 年才出版。原因无他，端在于麦格劳—希尔的编辑们在 20 世纪 60 年代根本理解不了"媒介即讯息""媒介是人体的延伸""冷媒介、热媒介"这些我们今天习以为常的传播学"新"观念。编辑的理由是，一本书的新内容如果超过 70%，那么这本书是不能出版的，因此出版周期一拖再拖。也许冥冥之中自有天意，《理解媒介》不前不后恰恰赶在莎士比亚诞生四百周年的时候出版了，相信麦克卢汉当年应该意识到了这个时间点对他的非凡意义。

如果说到莎士比亚比同时代戏剧家的高明之处，其最为显著的一点，也许正是他比其他人更清楚地意识到"媒介即讯息"这一四百年后一位"媒介大祭司"的精妙论断。恰如麦克卢汉在《理解媒介》中所言，"莎士比亚对媒介改变事物的力量有一种直觉的把握"[1]。依照麦克卢汉的说法，媒介的作用之所以不容忽视，甚至其影响在传统意义上的"讯息"之上，就在于新的媒介不仅仅是媒介本身，它创造了一种全新的传播环境，而这种全新的传播环境改变了人们社会交往的方式，社会面貌亦为之一新——对于生活于其间的人们而言，这种全新的传播环境的重要作用显然胜于"讯息"本身。具体到莎士比亚，对两种"新媒介"的重视使他不同于同侪。

第一是英文。在莎士比亚之前相当长的时间内，知识精英

---

[1]　马歇尔·麦克卢汉:《理解媒介：论人的延伸（增订评注本）》，何道宽译，第 20 页。

用于写作的是拉丁文，彼时的英国文化名流，诸如培根这样的人，主要用拉丁文写作。英国精英学者中，较早使用英语进行写作的是乔叟，但是他使用的英文古奥难懂，非一般人所能接受。莎士比亚的戏剧写作与此不同，莎剧中的对白通俗易懂，生动流畅，极富感染力。恰如英国作家安东尼·伯吉斯所言，莎士比亚眼中的英语"粗犷与柔美"并重，它是"一种丰富的大众语言"，他娴熟运用英语的能力是通过"使用、观察和热爱英语"得到培养的。[①]约瑟夫·沃顿也说，相比于艾迪生（Joseph Addison）"准确而乏味"的"精巧歌谣"，莎士比亚的"婉转歌喉"则"充满野性"。[②]换言之，这是一种"从生活中来到生活中去"的大众语言——一种全新的传播媒介，它顺应了时代潮流，其社会影响远远超越以往培根式精英们的拉丁文和乔叟般古奥的高级英语。英国著名史学家屈威廉（G. M. Trevelyan）也说，在伊丽莎白时代，"英语开始进入彰显其至美和力量的时期"[③]。"开始进入"，并不意味着普及，那个时代，充斥上流社会的依然是拉丁文与法语的世界。据说，伊丽莎白一世女王在会见使节的时候，就常操拉丁语与法语，而不肯"屈尊"使用英语。因此，若将语言看作一种联结人与人的"关系媒介"，至少从语言运用

---

① 安东尼·伯吉斯：《莎士比亚》，刘国云译，广西师范大学出版社，2015年，第 54—55 页。

② 戴维·斯科特·卡斯顿：《莎士比亚与书》，郝田虎、冯伟译，第 125 页。

③ G. M. Trevelyan, *English Social History* (London, New York and Toronto: Longmans, Green and Co., Ins., 1942), 139.

方面看，莎士比亚是一个先知先觉者，他比同时代的文人雅士乃至戏剧同侪，更早地意识到英语的力量，并将其作为文学创作的主要语言文字。而这最终满足了当时正在崛起的以英语为主要交流媒介的英国早期阅读公众的需要，为莎剧的传播起到至关重要的作用。

与语言紧密相关的是，莎士比亚对受众的极端重视。莎士比亚所处的伊丽莎白一世女王时代通常被称为英国历史上的黄金时代，这不仅表现在社会比较稳定，对于莎士比亚而言，更为重要的有两点：其一是英国公众活泼向上、意气风发的生活精神，依屈威廉的说法——"伊丽莎白时代的英国民众热爱生活，而不是空谈生活"[1]。无论是上层社会的政治精英，还是游走于社会中下层的引车卖浆者流，都极力寻求、感受时代给予的日常生活的丰富性。其二是社会阶层之间开始有了融合的趋势。在伊丽莎白一世女王时代，社会不同阶层之间关系极为融洽和谐，相互之间的交往远远超过以往和后来的 18、19 世纪。[2] 按照屈威廉的分析，这种融合表现在教育上就是，不同阶层的聪明孩童汇聚到全国各地的文法学校接受教育，为社会培养了一批跨越不同层级、能够识文断字的阅读阶层。事实上，莎士比亚就曾在故乡的文法学校读书数年，这为他日后的创造奠定了基础。莎士比亚对于当时的阶层融合的现象非常清楚，因此，他的创作，

---

① G. M. Trevelyan, *English Social History*, 139.

② *Ibid.*, 162.

不会像罗伯特·格林这样的戏剧家，常常用拉丁文进行"高雅"创作，仅仅是为了赢得受众寥寥的文坛少数人的关注和嘉誉。他看重的是跨越阶层的芸芸众生，他期待的是普通公众山呼海啸的欢呼与喝彩！

第二是剧院。对于莎士比亚时代的伦敦人而言，剧院是一种"新媒介"。依照伯吉斯的说法，古希腊和古罗马的戏剧艺术对于文艺复兴时代的英国戏剧产生了重要影响，尤其是古罗马戏剧家塞内加，更是影响了数不清的英国戏剧人。但是，塞内加的负面作用在于，其戏剧创作不是为剧场演出而作，而是为读者阅读所撰写。由此可见，他面向的受众群并非凡夫俗子，而是有识字能力的知识阶层。当时在伦敦显赫一时的"大学才子派"戏剧家（大部分毕业于剑桥大学，受过良好教育。如托马斯·纳什、罗伯特·格林、托马斯·洛奇、克里斯托弗·马洛、托马斯·德克等，均是此团体中重要成员），无不深受塞内加影响。特别是罗伯特·格林，似乎有更深沉的精英抱负。他也曾写过诗歌与戏剧，但是因为精英指向，在伊丽莎白一世时代的戏剧舞台上始终不温不火，最终贫病而死。

莎士比亚与他们不同，正如日本吉卜力工作室的铃木敏夫异常重视"动画之神"（观众）一样，莎士比亚也是非常重视"戏剧之神"（伦敦普通观众）的。正因为如此，他特别看重剧院的演出，在他看来，对于戏剧发展而言，剧院是更有生命力的"媒介"，其重要性不下于"印刷书"。事实也确实如此，伦敦的玫瑰剧院、环球剧院、天鹅剧院、黑僧剧院等，都脱胎于旅店，就像中国清末民初的饭庄有表演舞台一样，这些旅店也有舞台，后来演变成伊丽莎白一世时代的剧院。此种剧院，作为新生媒介，聚合了三教九流，尊贵者如王公贵胄自然有包厢可选，平凡者像市井走卒亦可买个站票，一饱眼福。莎士比亚更看重的是剧院及其观众。戴维·卡斯顿就指出："莎士比亚从未表露出兴趣，要出版剧本，他似乎满足于仅仅为剧院写作。他从未展示出本·琼森一样的非凡的文学抱负，但他甚至也为表现出海伍德等剧作家更为适中的对所有权的关心。"[①]可以说，莎士比亚对剧院"新媒介"的重视，使他迅速超越同侪，进而成为轰动伦敦的戏剧新秀，甚至引来大学才子罗伯特·格林的嫉妒，称之为"乌鸦"和"捡破烂者"。

二　福斯塔夫—莎士比亚

安东尼·伯吉斯说："我们说到莎士比亚精神，有时主要指福斯塔夫精神。"福斯塔夫何许人，又有什么样的精神气质？在莎士比亚的戏剧《亨利四世》《亨利五世》《温莎的风流娘们儿》中他都曾出场，是一个喜欢高谈阔论、讥讽世间万物、乐于游戏人间的角色。据说，前两部戏剧完成后，莎士比亚本不打算再在后续创作中涉及福斯塔夫，但是人们甚至当时的伊丽莎白一世

---

① 戴维·斯科特·卡斯顿：《莎士比亚与书》，郝田虎、冯伟译，第87页。

女王深深地喜爱这个人物，莎士比亚不得不让他在《温莎的风流娘们儿》中再次现身。后世的诸多文学研究者和批评家，包括了不起的耶鲁大学文学批评家（后任职于罗尔斯顿学院）哈罗德·布鲁姆曾多方考证福斯塔夫的文学来源，甚至将其溯源至古希腊古罗马时期的文学形象。形象起源或许众说纷纭，一时难有定论，但毫无疑问的是，福斯塔夫有着独特、鲜明的艺术魅力，使他成为莎剧乃至世界文学之林中独具特色的人物形象。从精神气质上讲，福斯塔夫是市民阶层精神面貌的精彩呈现，换句话说，他是一个平凡人，且看他对荣誉的看法：

> 荣誉是什么？一阵空气。好聪明的算计！谁得到荣誉？星期三死去的人。他感觉到荣誉没有？没有。他听见荣誉没有？没有。那么荣誉是不能感觉的吗？嗯，对于死人是不能感觉的。可是它不会和活着的人在一起吗？不。为什么？讥笑和毁谤不会容许它的存在。这样说来，我不要什么荣誉；荣誉不过是一块铭旌。[①]

福斯塔夫的塑造如此成功，看来作者对其行为、思想是了如指掌的。其实，从福斯塔夫身上，我们能看到莎士比亚的影子，至少在对待荣誉这样的问题上。莎士比亚出身于斯塔拉特福的手套制作商家庭，虽然属于有产阶层，但与贵族无缘。可以

---

① 安东尼·伯吉斯：《莎士比亚》，刘国云译，第246页。

说和福斯塔夫一样，莎士比亚属于典型的市民阶层。文法学校的早期学习经历，使他在步入伦敦后有机会进入"戏剧圈"。开始是靠做演员和给其他戏剧家的剧本"修修补补"谋生活，但与生俱来的语言天赋和写作才华，使他很快声名鹊起。尤其是早期的《维纳斯与阿都尼》令其诗人之名声名远播，而《亨利六世》的上演更是震惊了伦敦剧坛。

但是，戏剧及戏剧创作，在彼时的英国，都是不入流的文化样式。"有头脑"的文化人，期待的是在兴起不久的印刷世界中谋求声名。1450 年左右，德国人谷登堡发明了现代活字印刷术。15 世纪 70 年代，英国人威廉·卡克斯顿应英国国王之请，从比利时返回英国，在威斯敏斯特创办了自己的印刷所，专门从事英文图书的翻译与出版。此前，在英国很少有英文书出版，不仅大部分印刷商来自国外，就连出版的图书也是以英语之外的文字为主。印刷机的引入，使得英国的文学创作翻开了新篇章。对那个时代的写作者而言，写作虽然尚不能糊口，出版仍然需要显贵资助，但是随着英文书的普及，创作英文作品并彰显自己的文学之名却成为大部分创作者的追求。例如，前文提及曾因嫉妒而咒骂莎士比亚的罗伯特·格林，就非常看重自身创作与文学盛名之间的关系。为求"当世名"和"万世名"，他孜孜不倦地力求创作出传之后世的"精品"，全然不顾普通读者的需求，落得个身死而无以下葬的凄惨下场。

无论如何，那个时代的文人雅士更看重诸如十四行诗这样的文学题材，通过"题献"的方式，赢得大人物的青睐；或更加幸运，通过"题献"获得大人物的资金支持，成为那个时代文学精英们求之不得的赖以成名方式之一。出入伦敦的莎士比亚也曾依循这条文人成名的旧路求索一番，无奈成效不彰，于是迅速转向戏剧创作。其实，彼时的戏剧被看作文学的末流，不被重视。曾经创办英国藏书最丰的牛津大学博德林图书馆的博德利在世时，就曾在给其图书馆馆长詹姆斯的信中多次提及，作为一家学术性图书馆，戏剧、历书、公告不在收藏之列。在他看来，英文著作根本登不了大雅之堂，更遑论不入流的戏剧。因此，博德利在世时，虽然莎士比亚早已蜚声士林与民间，但图书馆从未收藏过莎士比亚著作。在其去世之后，图书馆曾收藏一套 1623 年版的莎士比亚第一对开本，可惜在 1664 年图书馆购入第三对开本后被当作无用之物以 24 英镑的价格卖给了牛津一位书商。这是发生在莎士比亚身后之事。在莎士比亚的有生之年，戏剧之被看轻，更是显而易见。即使如此，莎士比亚还是亦义无反顾地踏入了"戏剧圈"。

罗伯特·格林这样受过大学高等教育的"才子"对于荣誉和声望的追求，转向戏剧创作后的莎士比亚是不怎么看重的，他希望的是能够为观众创造出喜闻乐见的作品，同时满足自己能够多赚点钱并作为平凡人安享当下美好生活的愿望。至少在作品出版这方面，他好像就很少考虑借由剧本出版而留名后世。戴维·斯科特·卡斯顿就认为，"我们没有证据说明莎士比亚是厄恩意义上的'文学戏剧家'。莎士比亚有意出版他的剧本，没有现存的文献可以说明这一点，也无法从出版方面的事实出发

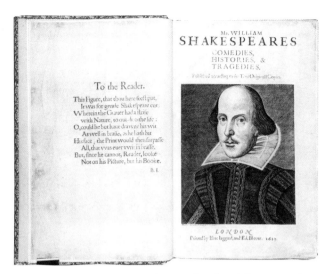

图 5-2 《莎士比亚戏剧集》第一对开本，出版于 1623 年

轻而易举地论证出来"[1]。在莎士比亚的时代，印刷商想要出版一本书，只要交点钱在伦敦书业公会登记就可以了，谁最先登记谁就拥有一部作品的出版权，根本用不着去找作者。换句话说，一本书的出版，根本不会为作者带来经济方面的收益，如果不是为了追求文学之名（莎翁好友本·琼生，每每在印刷商出版前严谨认真地校阅自己的书稿，以谋求自己剧本的权威性并借此保护自己的文学声誉），很少有作者会去计较自己著作的出版事宜。莎士比亚显然属于后者。

转向戏剧之后的莎士比亚，眼里少了对名望与声誉的计较，

———————————

① 戴维·斯科特·卡斯顿：《莎士比亚与书》，郝田虎、冯伟译，第 7 页。

多了些"福斯塔夫式"的洒脱，更在意的是世俗生活的充裕与个人精神的满足。他与人合伙创办了剧团，几乎一生致力于为自己的剧团创作（同时代的不少剧作家则同时为不同的剧团写作，大概他们并不像莎士比亚一样投资于剧团），并享有剧团丰厚的利润分成。戏剧中的莎士比亚或许不是当时最为知名的写作者，但其个人生活也因戏剧而富足：三十三岁时，他购买了故乡斯特拉特福镇上第二大的房产；三十八岁时，购入了小镇北部125英亩的庄园；四十一岁时，又花费440英镑购买了斯特拉特福镇上一座农场一半的产权。[①]

三　从"戏剧中人"到"印刷中人"

对"媒介"和世俗生活的看重，使莎士比亚在其有生之年获得可一定声望并拥有了富足的个人生活。但是，这并不能促使他成为"神圣的莎士比亚"。随着岁月的流转，莎士比亚逐渐被"封神入圣"，步入不朽之列。这一现象的出现，依赖的是莎士比亚从"戏剧中人"向"印刷中人"的转变，只是这种转变，大大超越了"莎士比亚"自身这一要素。事实上，这种转向与莎士比亚本人几无任何关系，反而是莎士比亚之外的力量促成了这种

---

① 戴维·斯科特·卡斯顿：《理论之后的莎士比亚》，陈星译，浙江大学出版社，2022年，第77页。

转向，并使莎士比亚走向"文学的圣坛"。

有生之年，莎士比亚的声望可能主要局限于剧院的小圈子里。在剧场的演出中，有时会提供戏单给观众，但在这些戏单中，除了偶尔会提及当天演出的剧目由谁创作，大部分时候，戏单并不提供剧目创作者的名字。也就是说，在莎剧的演出现场，莎士比亚更多时候也是隐身幕后的，很少有观众知晓剧目的创作者。剧场的演出中，通常会有戏剧脚本，提词员偶尔也会在开幕和闭幕的时候提到，当天演出的剧目由谁创作，但这种现象也并不常见。上述两种情况的存在，或许和当时戏剧创作的实际情况有关：彼时戏剧的创作往往并非由一人完成，一部戏剧的创作者常由多人担当，随着戏剧的演出，剧本还会根据观众的反应进行多次修改。在这种情况下，除了有更多的戏剧创作者加入，剧团的演员也常常会参与戏剧脚本的修改与完善。即使像莎士比亚这样创作力旺盛的写作者，其剧本也通常会有多人的介入。因此，戏单和报幕时，不提创造者之名也就司空见惯。

1616 年莎士比亚辞世之前，莎剧已有多种付梓印行。这些印行的莎剧有如下突出的特点：首先，是在这些莎剧出版过程中，莎士比亚的"缺位"。戴维·卡斯顿认为，无论是否署名，也无论是否强调是经过"莎士比亚修订过的"，这些出版的戏剧中，"没有任何一部有任何迹象显示出莎士比亚对它的出版有过兴趣或参与"[1]。其次，是这些早期莎剧印本的低端化。在17世纪

---

[1]　戴维·斯科特·卡斯顿：《理论之后的莎士比亚》，陈星译，第80页。

之初的欧洲文化界，对开本是书籍高端品质的形式象征，凡有名望或者苛求名望的写作者，无不谋求以对开本的形式出版个人著作。但是，这个时期出版的诸多莎剧单行本，如《罗密欧与朱丽叶》（1597 年）、《理查三世》（1597 年）、《亨利五世》（1600年）、《温莎的风流娘们儿》（1602 年）、《哈姆雷特》（1603 年）等，均是材质低劣、成本不高的四开本甚至是八开本。[①] 对于剧场的经营者而言，剧本的出版，仅仅是扩大戏剧演出影响、招徕更多戏剧观众的辅助手段，并非特别值得重视的事项。也正因为此，作为剧院合伙投资人的莎士比亚，对莎剧的出版并不放在心上，也就很容易理解。

　　1623 年，《莎士比亚戏剧集》对开本（第一对开本）的面世，是莎士比亚的两名同事约翰·赫明（John Heminge）和亨利·康德尔（Henry Condell）为展现莎士比亚的文学之名而编辑整理的，而出版商威廉·贾加尔德（William Jaggard）等人之所以对这个庞大且充满风险的投资项目有兴趣，则完全是因为贾加尔德等人在此之前曾有出版莎士比亚戏剧作品的经历，对莎剧的读者市场较为看好。但在当时，以对开本的形式出版戏剧这种不入主流文学之列的"边缘文体"，依然是冒了极大的商业风险的。在17 世纪之后的七十余年中，《莎士比亚戏剧集》又先后出版了第二对开本（1632 年）、第三对开本（1664 年）和第四对开本（1685年）。从第二对开本到第三对开本，再到第四对开本，时间间隔

---

① 戴维·斯科特·卡斯顿：《理论之后的莎士比亚》，陈星译，第 79 页。

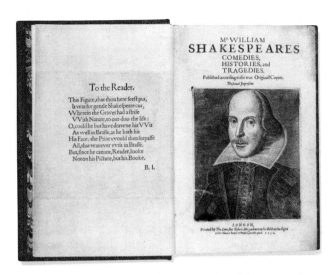

图 5-3　《莎士比亚戏剧集》第二对开本，出版于 1632 年

长达三十二年和二十一年。在这期间，出于政治方面的考量，英国于 1642—1660 年关闭了剧院，喜欢戏剧的观众，被迫转向了戏剧印本；政治的不稳定和管制的松散，又使戏剧作品的出版变得极为宽松，戏剧出版似乎迎来了一段好时光。但从莎士比亚作品集几个对开本间隔的时间看，莎剧似乎并不太受读者的青睐。戴维·卡斯顿就指出，"也许令人意外的是，莎士比亚并不属于该时期最受欢迎的剧作家之列"，"剧场关闭以后……即便在重印的都铎王朝和斯图亚特王朝剧作家之中，莎士比亚也是无足轻重的"。[①] 艾玛·德普拉（Emma Depledge）也认为："在

---

① 戴维·斯科特·卡斯顿：《理论之后的莎士比亚》，陈星译，第 119 页。

1678年之前，他的戏剧曾被重新改编过，但这些改编都是零星的。几乎没有证据表明观众会意识到他们观看的戏剧是由一个名叫莎士比亚的人创作的，或者是根据他的作品改编的。"[1]换句话说，随着剧场被关闭和戏剧被禁演，虽然英国政治的松弛，为出版业带来比之前更为宽松的出版环境，很多此前不能出版的书籍也获得出版的机会，但莎士比亚正在快速被社会遗忘。在出版商的眼中，莎士比亚俨然已经是一名早已过世且早已过时的老剧作家，他们投以更多目光的是新剧作家的戏剧作品。

事情的转机来得很偶然。王政复辟后的查理二世因为没有可继承王位的合法子嗣（有一私生子，但不具备合法继位权），他的弟弟约克公爵詹姆斯遂成为王位继承人。但是，詹姆斯的天主教信仰人人皆知，而且他再婚续娶的是一名信仰天主教的女子，再加上1672—1674年的第三次英荷战争激起了"英国人反天主教的强烈反应"[2]，排除詹姆斯继承王位的可能性便成为包括沙夫茨伯里伯爵在内的英国辉格党人的核心目标。1678—1682年，托利党人连续在议会组织排斥詹姆斯继承王位的立法投票，引发了英国历史上著名的"排斥危机"。其间，为制造舆论争取英国上下的支持，托利党人还有意识地利用了泰特斯·奥茨凭空虚构的"天主教阴谋"——"声称天主教徒参与了一项谋杀

---

① Emma Depledge, *Shakespeare's Rise to Cultural Prominence: Politics, Print and Alteration (1642–1700)* (Cambridge: Cambridge University Press, 2018), 2.

② J. C. D. 克拉克：《1660—1832年的英国社会》，姜德福译，商务印书馆，2014年，第83页。

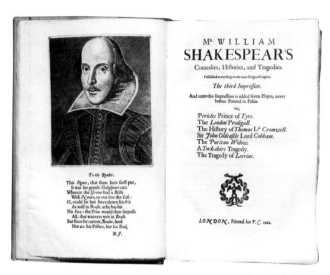

图 5-4　1664 年，出版商菲利普·切特温德推出了《莎士比亚戏剧集》第三对开本

查理二世的阴谋，这是在法国帮助下对新教徒的大屠杀的一部分，借此将詹姆斯推上王位"[1]。排斥危机引发了英国上下的持续关注，而细心的读者正是在这样的情况下，重新发现了莎剧。莎士比亚戏剧作品中的多部作品，特别是《哈姆雷特》这样的悲剧和其他历史剧，充满了权力的争夺、阴谋诡计与人性的复杂。这些作品与英国当时的现实政治产生了强烈的共振，重新激发了读者对莎剧的热情。艾玛·德普拉就认为，排斥危机从某种程度上促成了莎士比亚戏剧的复兴，《哈姆雷特》《尤利乌斯·恺撒》《奥赛罗》在此期间重新在剧院上演，莎剧的新的四开本也

---

[1]　J. C. D. 克拉克:《1660—1832 年的英国社会》，姜德福译，第 84—85 页。

于 1681—1684 年密集出版。[①] 她的研究还表明，排斥危机不仅制造了短期的读者兴趣，更创造了出版业对莎剧的持久投入："1683—1700 年，莎士比亚的戏剧被印刷的次数比 1642 年剧院关闭之前的任何时候都要多。"[②]

　　上述过程的发生，是莎士比亚从"戏剧中人"到"印刷中人"的转变过程。莎士比亚在世时，他始终以"戏剧中人"的身份面对他的时代和观众，对于戏剧的出版不闻不问。虽然如此，剧院的商业运作，也自然而然将戏剧出版纳入其中。因此，莎士比亚有生之年，他独立创作或与同侪合作的戏剧作品便以"四开本"的非主流、非精英出版物的形式被印刷商推向市场。这些四开本除少数标明"莎士比亚撰写"之外，大部分都没有标明是"莎士比亚"的作品，有些作品在出版的过程中，为顺应读者口味，可能还由出版商主导做了修改。王政复辟时期，获得特许演出权的仅有两家剧院，一为公爵剧院，一为国王剧院。前者拥有绝大部分当红演出剧目的权利，后者手上的剧目则寥寥无几。为了演出，国王剧院搬出了早已淡出人们视野的老戏剧人莎士比亚之作，且针对观众口味对莎剧做了很多修改。随着排斥危机的发生，新剧常遭遇严格审查，而作为老剧的莎剧受到的约束则少得多，这不仅带动了莎剧在剧院演出的复苏，也使得莎剧成为最受出版商青睐的对象。这期间，出版商及其雇用的编辑，都依据

---

① 　Emma Depledge, *Shakespeare's Rise to Cultural Prominence: Politics, Print and Alteration (1642–1700)*, 67.

② 　*Ibid.*, 170.

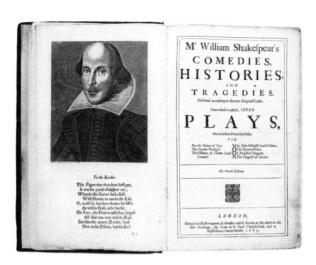

图 5-5　1685 年，亨利·海瑞曼在前人的基础上，推出了《莎士比亚戏剧集》的第四对开本。这些版本的出版，是时代风云变幻和出版商的个人追求融合在一起的产物。出版商以自己的努力，切中时代的脉搏，也为莎剧的复兴奠定了基础

不同时代的读者口味，从内容到形式，不停对莎剧"改头换面"，因为读者希望看到的不仅仅是对"老书"原封不动的重印，而是希望看到不同于以往的"全新"的作品。从内容方面看，莎剧出版史上曾有泰特（Nahum Tate）版改变，几乎将《李尔王》《罗密欧与朱丽叶》等悲剧全部改为大团圆的结局①；从形式上看，亨利·海瑞曼（Henry Herringman）承续菲利普·切特温德（Philip Chetwind）第三对开本，于 1685 年出版了经典的第四对开本，而汤森家族（Tonsons）则于 1709 年推出了莎士比亚作品集的第一

①　戴维·斯科特·卡斯顿：《莎士比亚与书》，郝田虎、冯伟译，第 123 页。

个现代版本，采用了当时想到的所有创新形式：加入了传记和
插图，进行了重新编辑，增添了表演和场景划分等。[1] 总而言之，
从 16 世纪末开始，经过 17 世纪三四十年的沉寂，自 17 世纪末，
莎士比亚戏剧作品已稳固地进入印刷品的世界，被不停地改编，
形式上也不断翻新，莎士比亚由此变成了十足的"印刷中人"。

从"戏剧中人"到"印刷中人"的转变，使莎剧在曲折环复
的起起伏伏中站稳了脚跟，而"莎士比亚"也终于成为文学长河
中的"神圣存在"。但是，这一局面的出现，却并非莎士比亚本
人努力所致。正如戴维·卡斯顿所言，"如果不能确切地说莎士
比亚就是印有其姓名的那本书的创造者，倒是可以说是那本书
创造了莎士比亚"[2]，"莎士比亚能够流传下来，恰恰是由于他在
爱好者手中的开放性和可塑性"[3]。这些"爱好者"，既包含莎士比
亚在世时的戏剧爱好者（他们是剧场中的常客，有些也是莎剧印
本的读者）和印刷商，也包含莎士比亚去世之后复杂政治与时局
（如王政复辟与排斥危机）中的戏剧受众和渐次加入莎剧出版大
军的络绎不绝的出版商。有些出版商，如菲利普·切特温德、威
廉·达文南特（William Davenant）、亨利·海瑞曼、雅各布·汤
森（Jacob Tonson）更是在不同时期创造出不同风格的莎剧，很
大程度上塑造了莎剧的风貌与阅读口味；即使是莎士比亚在世

---

[1]　Don-John Dugas, *Marketing the Bard: Shakespeare in Performance and Print (1660–1740)* (Columbia: University of Missouri Press, 2006), 179.

[2]　戴维·斯科特·卡斯顿：《理论之后的莎士比亚》，陈星译，第 103 页。

[3]　戴维·斯科特·卡斯顿：《莎士比亚与书》，郝田虎、冯伟译，第 123 页。

时籍籍无名的莎剧四开本的小出版商，在莎剧能够流传后世中也功不可没：若是没有他们的印刷活动，之后的莎剧经典化和再发现，也就没了可能。概括而言，莎剧的传播史，也是一个意义网络的建构史，只不过，这个意义网络的建构，并非由"莎士比亚"这个作者单独决定，作为"印刷中人"的"莎士比亚"，也不是那个生于1564年逝于1616年、生活于伊丽莎白一世女王时代的活生生的莎士比亚，而是由不同时代的戏剧受众、改编者、印刷商、出版商共同塑造的印刷世界里复杂多元的莎士比亚。

结　语

以往谈论莎剧恒久魅力的时候，人们往往会谈及莎剧中呈现出来的人性魅力光耀千古，在当下依然熠熠生辉。其实，具体到文本，莎剧中不仅仅有人性，更有历史。像《理查二世》《亨利四世》《亨利五世》《尤利乌斯·恺撒》《安东尼与克莉奥佩特拉》，有的直接以英国历史为背景，有的则选取古代史中人与事，以古喻今，形式上说罗马，实质上讲的仍然是英国的事，可谓是历史中的人性、人性中的历史。此外，莎士比亚对于剧场演出的重视以及对于书籍出版"权威版本忽略"，使他很大程度上是一个"剧场中人"，而非"印刷中人"——无形之中，这使得真实的莎士比亚、权威的戏剧文本，在印刷商的随意出版、盗印中消失得无影无踪，无意中造成了莎剧的"无限开放性"，也成为四百多年来，英国乃至世界一直不懈追寻权威莎剧的动力。但是，追寻愈多，谜团愈多，真实的莎士比亚，权威的莎剧版本，始终是"只在此山中，云深不知处"！有人说，莎士比亚从来没有追求过伟大，而这种福斯塔夫的平凡精神却造就了他的伟大！以莎翁逝世四百年来的历史看，此论信然！

　　如果说莎剧的兴起，很大程度上有赖于剧院这种"新媒介"的崛起以及莎士比亚本人对于剧院演出的重视，那么，莎剧诞生四百多年来的长盛不衰则有赖于出版业以及编辑、学者通过一次又一次的书籍编辑与出版，对莎士比亚戏剧"真身"的追寻。莎士比亚戏剧的兴起，有赖于剧院这种新型"媒介"的出现及其在英国社会生活中的重要作用。虽然莎士比亚所处的年代，已是现代印刷术发明一百年之后，印刷技术已经比较成熟，但是莎士比亚对于"书籍"这种新媒介并不太重视，他看重的"新媒介"是剧院。正是对剧院的重视胜过对书籍的重视，使得莎士比亚在戏剧人才辈出的伊丽莎白时代脱颖而出，成为最引人注目的戏剧家。但是，莎士比亚戏剧作品的流传，特别是迈入"不朽之列"并使莎士比亚成为"神圣的莎士比亚"，除了因莎士比亚这种"媒介偏向"使他在世时已有较大声望，更重要的在于，他的"媒介偏向"导致莎剧印本纷繁复杂、莫衷一是，各方力量的加入（特别是不同时代的改编者和出版商）使它始终保持着开放性，"莎士比亚"由此变为十足的"印刷中人"，在其辞世之后引发历代知名学者、编辑家、出版家追逐"莎剧真身"的持久兴趣，使莎剧绵延四百余年，长盛不衰。

第六章
知识传播中的文化资本：
"传播圈"与"托尔金神话"的诞生

导　言

对于托尔金的创作，耶鲁大学斯特林人文学讲席教授，著名文学理论家、评论家哈罗德·布鲁姆在自己的文学批评著作中指出，《霍比特人》要比《指环王》好很多，因为前者清新自然，而后者则自命不凡、拖沓，更多说教和道学气息。[①]他进一步说，以其专业眼光看，"托尔金热"在21世纪能否持续，他深表怀疑。[②]事实上，自《霍比特人》1937年面世，已历经八十余年光景，"托尔金神话"已届"耄耋之年"，《霍比特人》《指环王》《精灵宝钻》的总销量已超过2亿册。如今，21世纪的前二十年

---

① Harold Bloom, *Bloom's Guides: J. R. R. Tolkien's The Hobbit* (New York: Infobase Learning, 2011), 7.

② Harold Bloom, *Bloom's Guides: J. R. R. The Lord of the Rings* (New York: Infobase Learning, 2008), 2.

已经过去，托尔金作品在全球仍拥有数不清的读者；关于托尔金的研究性著作和各类评传也层出不穷，数量已远远超过托尔金本人的学术著作和文学作品。布鲁姆的预言暂时似乎没有应验的迹象，读者对托尔金的热爱一如既往。

如今来看，托尔金在文学领域的崛起，无论如何都是一个奇迹。他生活的年代，是一个大众传播的时代，纸质媒体尤其是书籍和报纸在人们的精神生活中占据主流地位。一个写作者的成功，不像现在可以凭借在互联网世界的"奇思妙想"或大肆炒作，而爆得一时大名。换言之，彼时的写作者，若想成名，离开那个纸质传播的文化环境是难以想象的。纸质媒体的世界，是拥挤的，所有想成名的文化人，都想在纸上世界崭露头角。对于像托尔金这般家道中落的贫寒子弟，若非因缘际会、好心人辅助，几乎连大学学业都不可能完成，若想依靠写作成就一番事业，更是难于常人。

托尔金的幸运，是他在最为关键的时刻，仰赖天主教会神父弗朗西斯·摩根的资助，得以考入英国上流文化圈的奠基之所——牛津大学。虽然，那个时代的牛津大学承袭了更多的"贵族气"，寒门学子身处其中倍感不适，但托尔金所读的牛津大学埃塞克特学院是以古典学研究见长的学术机构，英国工艺美术运动的代表人物威廉·莫里斯等曾就学于此；各种古典学知识，甚至还有多位精熟梵文、哥特语、古保加利亚语、立陶宛语、俄语、古挪威语、古萨克逊语、中古高地德语、古英语等多种古语的学者，为托尔金在语言学领域建功立业奠定了坚实基础。

　　依布尔迪厄的研究，大学教育及其学业名号，是个体积累文化资本的重要方式之一，对于个体在文化领域立足及其地位有至关重要的影响，“学业名号是得到公众认同的权力机关颁发的关于能力的证明——它是公共的，也是官方的。对于学业称号所证明的能力，我们永远都不可能分辨出，也不可能衡量出究竟其中有多少技术成分，又有多少社会成分；但是这种能力却永远独立于主观的和局部的估计。……学业称号赋予其持有者的法定特性，如‘才智’‘文化’等等，都由于社会关系所具有的自我超越的效能而被赋予了一种客观性和普遍性”①。从这个角度看，“托尔金神话”得以产生的源头，便是他有幸接受的早期大学精英教育以及随之而来的初期文化资本的积累，这不仅孕育着《霍比特人》等一系列文学作品产生的可能性，而且也预示着“托尔金神话”的最终到来。

一　从无心之作到精心书写：文化资本的积累

　　《霍比特人》的问世，其实是无心之作。1929 年，托尔金成了四个孩子的父亲。孩子们课业负担不算重，晚上也没有电视、网络、手机等解闷，除了读点自己的书，孩子们最喜欢的是听父

---

① 布尔迪厄：《国家精英——名牌大学与群体精神》，杨亚平译，商务印书馆，2004 年，第 672—673 页。

图 6-1　牛津大学彭布罗克学院，是托尔金到牛津大学任职后的第一个学院，他在那里过得并不开心

亲讲故事。托尔金后来回忆道，他那些奇幻故事的雏形在"一战"的战壕里就开始孕育了，但真正形成轮廓，或许是从给孩子讲故事开始，而真正把故事写下来主要也还是为了"娱乐自己和孩子"。

1936 年底，托尔金完成《霍比特人》后，寄给了乔治·艾伦和昂温出版公司。公司的主席斯坦利·昂温随即将书稿交给他十岁的儿子雷纳·昂温"审读"。小昂温在随后的"审读意见"中写道：

> 比尔博·巴金斯是生活在霍比特洞府中的一名霍比特人，他从未外出冒险过，最终巫师甘道夫和矮人说服他出门远行。

在经历了与半兽人、座狼惊心动魄的战斗后，他们抵达了孤山。经过一番残酷的战斗，盘踞在孤山的巨龙斯矛格和半兽人被打败了，比尔博重返家园。这本书……非常好，它对五到九岁的孩子们有很大的吸引力。①

看到小昂温热情洋溢的评价后，昂温立即着手出版此书。1937 年 1—9 月，托尔金和昂温公司通信七次，详细商谈该书出版事宜。《霍比特人》这年 9 月出版后，受欢迎程度超出托尔金想象，精装本 1500 册很快售罄。那一年圣诞节，昂温公司一直围着《霍比特人》转。书店断货，印厂连夜赶印。昂温公司的员工开着自己的汽车亲自到印厂将刚刚走下印刷流水线的新书搬运到伦敦、牛津等地的书店中。街头巷尾的孩子们见面谈论的常常是那个"住在霍比特洞府中的霍比特人"。

《霍比特人》出版后不久，昂温先生即建议托尔金为《霍比特人》撰写续集。1937 年底，托尔金着手续集的撰写，为此，他还修改了初版《霍比特人》中的不少情节，比如，将巴金斯杀死斯矛格，修改为巴德杀死斯矛格；将咕噜从一个较为正面的角色（他曾友好地将巴金斯带离险境）变成一个充满机心与算计的负面人物。创作进行得没有出版者预期那么顺利，这是因为托尔金的忙碌，也因为他对作品的精益求精——1939 年 2 月致编辑弗斯

---

① Humphrey Carpenter, *J. R. R. Tolkien: A Biography* (New York: Houghton Mifflin Company, 2000), 175.

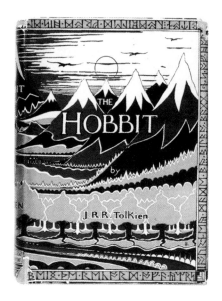

图6-2　1937年版的《霍比特人》，为托尔金带来了极大的社会声誉，那一年的圣诞节，英国众多的家庭中父母和孩子的话题都是"霍比特人"

的信中，他就提到"《指环王》已经写到了第十二章，修改了好几次"；"我想《指环王》应该比《霍比特人》更好，但是它或许算不上《霍比特人》的完美续篇"。①同时，弗斯提醒托尔金，如果想要在圣诞节前出版续集，必须要在6月份交稿。但是，谁也没想到，这部原本作为《霍比特人》续集的《指环王》一等就是十六年，作者与出版者的合作也是曲曲折折，几乎功败垂成。

1946年，托尔金致信昂温说，《指环王》篇幅太长了，好像不太适合青少年读者。在昂温爵士的不断催促下，1947年7月，托尔金曾将《指环王》已完成部分的打印稿寄给昂温审读。这一次的审读任务依然落在了小昂温头上，他评价这部新作显得"啰嗦"，"从内心讲，我不知道谁会读这部书"，虽如此，这部书依然是"一个精彩绝伦、引人入胜的好故事"。②然而，这个好故

① Humphrey Carpenter eds., *The Letters of J. R. R. Tolkien* (New York: Houghton Mifflin Company, 2013), 51.

② *Ibid.*, 140.

事还在持续中，1950 年 2 月，在给昂温爵士的信中，托尔金有些无可奈何地表示："这部作品超出了我的预期……它太长、太复杂、太激烈、太骇人听闻了……它可能适合任何人，但很不适合儿童……它真的算不上《霍比特人》的续集，看上去它更像《精灵宝钻》的后续……我估计……字数已经有六十万字之多。"[①] 书写得慢，还有一个原因是，托尔金同时在撰写、修改和完善他更为看重的《精灵宝钻》。

　　1950 年 4 月，托尔金将《指环王》和《精灵宝钻》（未完成稿）一同寄给昂温出版公司，他表示说，这两部作品密切相关，缺一不可，希望出版公司同时出版。小昂温建议父亲，接受《指环王》，放弃《精灵宝钻》。托尔金对昂温公司的处理态度也大为不满，再加上此前因为战后纸张匮乏，昂温公司在重印《霍比特人》时，擅自移除了插图，最终导致托尔金另觅合作者。

　　事实上，在《霍比特人》出版不久，托尔金就成为多家出版公司密切关注的作者，柯林斯出版公司的编辑弥尔顿·沃尔德曼曾找到托尔金，表达合作意向，其老板威廉·柯林斯也表示，只要是托尔金的书，都可以接受。在昂温公司遇阻后，托尔金想到了沃尔德曼，后者书稿看都没有看一眼，便一口答应同时出版两部书。可惜的是，沃尔德曼先是去意大利旅行，返回伦敦后又生了病，出书之事一拖再拖。时间到了 1952 年初春，托尔金不得已给柯林斯出版公司的负责人威廉·柯林斯写信，催促对

---

① Humphrey Carpenter eds., *The Letters of J. R. R. Tolkien*, 158.

方尽快出书。得到的回复是："我着实为书的篇幅吓着了，现在纸价昂贵，这意味着一笔大开支。"他建议托尔金删减书稿，或者另谋出路。对书稿内容增删数次的托尔金，不肯再做任何修改，与柯林斯的预期合作也便戛然而止。

好在昂温爵士对托尔金念念不忘。在此期间，他数次致信托尔金，询问《指环王》和《精灵宝钻》的进展，并表示愿意继续出版《指环王》。倔强的托尔金终于做了让步，同意先出版《指环王》。此时，小昂温已从哈佛大学学成回国，在父亲的公司任职，具体负责这部巨著的出版。经过仔细的准备和细致的核算，1954 年，小昂温给远在日本旅行的父亲写信，表示这部书若出版，最不济有可能会赔上 1000 英镑，询问父亲意见。一向看重书籍品质的昂温爵士一锤定音，决议冒险出版这部巨著。在合作条件上，为尽量规避和减少商业风险，昂温公司提出，新书

图 6-3 《指环王》初版本

没有预付稿费，而是采取利润对半分的方式。这意味着，如果该书滞销或赔钱，托尔金将"颗粒无收"。在那个百废待兴的年代，很少有出版公司愿意冒风险出版这么长篇幅的作品，此时的托尔金早将稿酬放在一边，欣然接受合约。对于出版者而言，出版在很大程度上犹如一场"赌博"，只不过，区别在于，有文化追求者，如昂温，对于有文化品位的作品，即使没有盈利的把握，也会想方设法尝试；而只看重短期商业利益者，如柯林斯，即使财大气粗有实力出版赔本的好书，但只要感到有一点经营风险，哪怕是有影响的作者、有价值的作品，也选择放弃。1954 年夏天，《魔戒同盟》首印 3500 册，六周后即重印；1954 年 11 月《双塔殊途》出版，1955 年 10 月，托尔金一改再改的《王者归来》也终于出版。

　　无论是 30 年代《霍比特人》的随心撰写，还是 50 年代《指环王》的精心构思，二者取得骄人成就的背后，托尔金的"文化资本"都在起作用。法国社会学家布尔迪厄认为，资本表现为三种形态：一为经济资本，二为文化资本，三为社会资本。其中，文化资本指的是"以教育资格的形式被制度化的"，"在某些条件下能转换成经济资本"。① 依据布尔迪厄的思想，我们认为，文化资本的形态是分层并不断累积的，可以分为（1）初始型文化资本和（2）累积型文化资本。具体而言，一个人受教

---

① 布尔迪厄：《文化资本与社会炼金术》，包亚明译，上海人民出版社，1997 年，第 189 页。

育的程度大致决定了他所拥有的初始的文化资本，而进入社会后凭借初始文化资本，不断在文化场域中积累自身的社会影响力，会形成更具转化能力（可以转化为社会资本，并进一步转化为经济资本）的累积型文化资本。对于托尔金而言，他出身英国中产阶层，只是父母早逝，没有机会接受良好教育，积累文化资本。幸运的是，他的监护人、天主教神父弗朗西斯·摩根对他期许甚高并提供了良好的学习条件，使他能够就读于英国名校伯明翰国王学校，1910 年又考入英语世界最古老的牛津大学。牛津是英国文化和社会上层精英的"后花园"，硕学鸿儒汇集，学术声誉极高，学生也是"非富即贵"。虽然从经济上讲，托尔金的大学生涯过得并不开心，但是从牛津大学获得的教育资格，使他具有了初始的文化资本。1920 年，自"一战"战场归来不久，他便有机会进入英国利兹大学任教，1924 年升任教授，1925 年又成功竞聘牛津大学盎格鲁-萨克逊英语罗林森与博斯沃思讲席教授席位，这些都与他具有的初始文化资本分不开。

　　在利兹和牛津任教时，托尔金勤于语言学研究，在英语专业研究领域取得不错成绩，同时，他又致力于方言史诗《贝奥武甫》的研究，成为这方面的顶尖学者。20 世纪极负盛名的诗人、评论家威斯坦·奥登在牛津读书期间，曾多次听托尔金讲述《贝奥武甫》，赞誉有加。在牛津大学的"吉光片羽社""咬煤俱乐部"等文学社团，托尔金也是声名远扬，《霍比特人》《指环王》撰写

图 6-4 "吉光片羽社"常常聚会的曼德琳学院，托尔金是那里的常客；托尔金的好友、《纳尼亚传奇》的作者 C. S. 刘易斯曾就职于此

过程中，他曾在这些社团朗读，赢得不少喝彩，亦曾引起英国知名出版机构的关注。职业生涯中形成的这些是累积型文化资本，它使得托尔金在知识圈中产生了较大影响力，也为其文学作品的出版和赢得受众认可，奠定了良好基础。

　　文化资本总是在文化场域之中彰显其价值，发挥其效力。布尔迪厄认为："一个场域可以被定义为在各种位置之间存在的客观关系的一个网络（network），或一个构型（configuration）。……这些位置得到了客观的界定，其根据是这些位置在不同类型的权力（或资本）……的分配结构中实际的和潜在的处境

图 6-5　曼德琳学院校园内的大门。穿过厚重的橡木门，就好像跨越了一个世界，牛津高街的喧嚣被挡在了门外，学院里好像是世外桃源，托尔金无数次流连于此。或许，他的神话中就有学院的影子

（situs），以及它们与其他位置之间的客观关系。"[①] 而文学场域是连接生产者（出版商、编辑和作者）与产品（书籍、期刊、文学作品）的社会、思想和意识形态的公共竞技场。个体若想在文学场域这个公共竞技场中占据有利位置，自身拥有的文化资本是关键要素，它很大程度上决定了个体在场域之中与其他个体展开竞争时处于何种状况，如能否赢得出版商的青睐，在其身上投入更多的出版资源；能否在文学场域中，获得比同侪更多的媒体注意力，等等。托尔金进入文学场域并崛起，他自身拥有的初始型文化资本和累积型文化资本，都起到至关重要的作用——不仅使他在英国的文学竞技场中占据有利地位，而且使其作品在美国、北欧等国的传播中亦拥有了其他文学写作者不曾有的文化资源。

---

① 布尔迪厄、华康德：《反思社会学导引》，李猛、李康译，商务印书馆，2015年，第 122—123 页。

图 6-6　曼德琳学院的走廊。蜂蜜色的石墙经历了数百年的风风雨雨，走廊一侧是学院研究员的办公室，他们在这里与同行雅聚，与学生进行智识上的交流

二　作者、出版人与跨国的读者群："传播圈"的力量

美国历史学家、书籍史专家罗伯特·达恩顿认为，书籍史研究就像一个"热带雨林"，多种因素交织在一起，仅仅关注作者或者出版者是不够的。为此，他曾提出"传播圈"（The Communications Circuit）模式。在这个"传播圈"里，作者、出版商、印刷者（排字工、印刷工、仓库管理员）—供应商（纸、墨、活字、劳工）、运输者（代理商、走私者、车夫）、书商（批发商、零售商、小贩、装订工等）、读者（购书者、借阅者、读书俱乐部、图

书馆）—装订者①，共同构建了一个传播循环体系，这些不同环节又受到政治、经济和思想潮流等外在因素的影响。在特定的时代和具体的书籍出版过程中，传播圈中的诸要素发挥效力的作用也可能有大有小。例如，在法国启蒙运动时期《百科全书》的出版及社会扩散过程中，除了编辑者、印刷商这些重要力量，排字工、走私者等的作用也不可小觑。可以说，书籍传播，是一个系统化的传播工程。20世纪上半叶的欧美出版业发生了很大变化，以上诸多因素在"托尔金神话"的形成过程中，作用未必同样重要，但是作者、出版人、跨国读者群乃至盗版者，都曾对这个"神话"的出现并持续产生影响力起到至关重要的作用。

　　在托尔金的"传播圈"中，出版者的作用主要体现在两个方面：其一是打造精良的文本；其二是将托尔金推向国际市场。在文本的精心编辑方面，1937年，小昂温的"审读意见"中说《霍比特人》没有必要使用插图，但老昂温考虑到小读者的阅读习惯，还是邀请托尔金亲自绘制了八幅黑白插图。托尔金对于这部积数年之功完成的作品也是相当重视。在致昂温公司编辑弗斯的信中，他提到自己已找了学界同好为此书撰写评论，同时会请《牛津杂志》的编辑刊发相关介绍性文章。对于出版公司呈送他过目的封面（封面宣传语提到：托尔金……有四个孩子，他曾在孩子们婴儿时期向他们大声朗读《霍比特人》……《霍比特

---

① Robert Darnton, "What is the History of Books?", *Representations and Realities* (March 1982): 65–83; Robert Darnton, "What is the History of Books?", Revisited, *Modern Intellectual History* (March 2007): 495–508.

人》手稿曾经被牛津的朋友们借去并读给他们的孩子听……《霍比特人》的诞生不禁让人想起《爱丽丝漫游仙境》。这是另一位专研深奥学问的教授的游艺之作）很有异议。在给编辑的长信中他提到，这本书不是给婴儿看的，自己的大儿子听到这个故事时已经十三岁了……打印稿也没有借给牛津的那么多朋友看过，他们也没有读给他们的孩子听，只是有一个十二三岁的孩子读过一点……自己从事的也非古奥的学问，古英语和冰岛文学离我们并不远……说"玩耍的教授"还不如说"大象在洗澡"……《爱丽丝漫游仙境》的作者刘易斯仅仅是一位学院讲师，根本不是教授……[1]虽然在书籍编辑方面，作者和出版者之间产生了分歧，但二者为使此书能够产生足够大的影响力，所做的努力却取得了令人满意的效果。尤其是将托尔金比作刘易斯（其作品在英国社会广为人知，极受好评）的宣传效应取得了显著的营销效果，读者就如水中涟漪，逐渐扩散。

此外，出版商还适时承担起代理人的角色，向欧洲其他国家和美国的知名出版商推荐托尔金著作。有研究者认为，著作代理人并非 20 世纪的新角色，早在 19 世纪末，伦敦就出现了第一个职业代理人。[2]但是职业性的著作权代理人，即使是 20 世纪上半叶，在欧美出版业也不发达。如何将作者的作品引介到其他国家和出版，全凭出版者的兴趣和信念。托尔金的幸运在

---

[1]　Humphrey Carpenter eds., *The Letters of J. R. R. Tolkien*, 26–28.

[2]　约翰·B. 汤普森：《文化商人：21 世纪的出版业》，张志强等译，译林出版社，2016 年，第 46 页。

于，昂温公司是彼时英国声望颇佳的出版公司，在欧美出版界口碑甚好，创办人昂温爵士秉持老派文化人的品格，不仅讲究出版品位，更是乐于不遗余力地将自己看中的作者推向更广阔的文化领域。在《霍比特人》出版后的第二年，远在大洋彼岸美国波士顿的霍夫顿·米夫林出版公司就出版了美国版，其间的接洽、商谈以及与作者的居中联络，全赖公司出力。1947 年的瑞典版、1957 年的德国版、1960 年的荷兰版和波兰版、1962 年的葡萄牙版、1964 年的西班牙版、1965 年的日本版、1969 年的丹麦版和法国版、1973 年的捷克版和芬兰版以及后续的意大利、冰岛、希腊、比利时、阿根廷、苏联、匈牙利等不同国家、不同语种的版本[①]，都少不了出版者的大力推荐。此外，英国企鹅的平装版、美国矮脚鸡出版公司的平装版，也都由昂温公司促成。《指环王》英国版出版后，1954、1955 年美国霍夫顿·米夫林出版公司推出了美国版，俟后不久，出版者又将其推荐给欧美数十个国家的出版商。

或许是托尔金早已名声在外，也可能是出版公司做足了营销，20 世纪 50 年代《指环王》一出版就吸引了各路评判。其中，既有刘易斯、奥登等熟悉的朋友在《纽约时报》等媒体上大力赞誉，也有埃德温·缪尔等人在《观察者》上批评与指摘。当然，还有牛津大学同事的热议：托尔金教授多年没有学术成果面世，原来是创造这个庞大的中土世界去了。然而读者却不管这些，他

---

① Humphrey Carpenter, *J. R. R. Tolkien: A Biography*, 260-263.

们的热情超乎现象，一度使托尔金难以招架：远在大洋彼岸的读者不仅飞燕传书，有的还寄送包括生活日用品在内的各类物品给托尔金，表达对他的喜爱与崇敬。更有甚者，半夜三更打电话到托尔金府上，向睡意蒙眬年过六旬的老教授请教中土世界的点点滴滴……同时，版税也纷至沓来，这一度使托尔金筹划着早日从牛津大学退休。此时的托尔金，对于外界的褒贬，反而有些释然，面对世事纷扰、作品争议，他甚至写了一首打油诗：

> 指环王
>
> 诸事之一桩
>
> 喜欢你便看
>
> 不喜丢一旁

　　20世纪50—70年代，从某种程度上讲可算得上欧美文学界的"托尔金年代"。布尔迪厄认为，场域是一种关系性的存在，"是指商品、服务、知识或社会地位以及竞争性位置的生产、流通和挪用的领域"[①]，文学场域是一种典型的竞争性场域，作品的此消彼长、作者声望的增益减损，是他们在文学场中相互竞争的结果。那个时期，不仅托尔金的作品受到持续关注，他自身也获得社会和公众的赞誉。这一时期，托尔金先后获得爱尔兰国

---

① 戴维·斯沃茨：《文化与权力：布尔迪厄的社会学》，陶东风译，上海译文出版社，2006年，第136页。

立大学、比利时列日大学、牛津大学的荣誉文学博士头衔。默顿学院授予荣休院士头衔，埃塞克特学院则遴选他为荣誉院士。1972 年，又被女王册封为"英帝国二等勋位爵士"。托尔金晚年获得的这些荣誉头衔，使他进一步积累了更为雄厚的文化资本，也使他的社会资本（常常表现为"高贵头衔"及其背后的社会关系）大大提升，这些都有助于托尔金作品在文学场域中赢得有利地位，在"传播圈"中实现良性循环。

《指环王》《霍比特人》持续热销，到 1965 年，美国版《指环王》的销量很快超过了 100 万册。1968 年，销量超过 300 万册。而美国版的持续热销，可能还与一家出版公司的"盗版""促进"作用有一定关系。托尔金作品在美国出版后，很快出现未经授权的盗印本。美国在 1989 年加入《伯尔尼公约》前，虽也制定了《泛美公约》《蔡斯法》等版权保护法规，但总体而言对于外国公民的知识产权保护很是薄弱，有很多法律空子可钻。1965 年，美国的 Ace 图书公司就利用法律漏洞盗印了 10 万册《指环王》，销售得很不错。为了应对盗印图书，这一年，托尔金忙于《指环王》修订，同时也持续不断给美国读者复信，在信中他一次又一次反复向读者申明，Ace 图书公司的版本是未经授权的盗印本，号召大家不要购买并广泛告知身边友朋。美国的热心读者则成立了"托尔金学会"一类的组织，自发地协助打击盗版书。托尔金与读者的互动、"托尔金学会"打击盗版的努力，不仅遏制了盗版本的印行，更重要的是在美国社会引发了更为强烈的"托尔金热"。

结　语

　　"托尔金神话"是欧美出版业共同造就的出版奇迹。在奇迹背后，有诸多因素起到关键作用，对于文化产业运作也极具启发。首先是"好故事"要契合社会文化背景。任何有巨大社会影响力的作品，都有坚实的文化背景作依托。对于托尔金作品来讲，北欧神话、英国方言史诗以及其间所渗透的宗教文化，是其作品的重要特征。尤其是《指环王》《精灵宝钻》，都有浓重的宗教文化背景，《精灵宝钻》还有非常明显的"创世"故事，以至于被人戏称为"圣经替代读品"。这些文化要素，使作品很容易跨越国界，在整个欧洲大陆和美国乃至东亚引发读者共鸣和兴趣。由此可见，在文化产品的开发中，以文化背景为创作的土壤，创作出能够触动读者心灵的作品，是能够有效实现跨文化传播的重要环节。

　　其次是传播圈的力量所激发的创作者文化资本的积聚及其有效转化。如果说牛津大学的学习经历奠定了托尔金的初始型文化资本，那么他自身的文化积累以及他与出版传媒业共同铸造的传媒产品，则使他实现了从初始型文化资本向累积型文化资本的关键一跃。而且，随着他与出版传媒业互动的加强（诗歌创作，关于《贝奥武甫》的研究，《中古英语词汇》《语言学家之歌》等的出版，是他与出版传媒业的初期合作；《霍比特人》《指环王》的出版，则使他与出版传媒业的关系日益密切），出版传媒业使托尔金的文化资本迅速增益，随之而来的是他文化资本

图 6-7　托尔金晚年的栖息之地：牛津大学默顿学院，中国学者杨宪益 20 世纪 30 年代亦曾就读于此

日渐雄厚，这进一步使他不断获得社会资本的加持，文化资本与社会资本共同作用的结果，就是使二者极为顺利地转化为经济资本，不仅令作者获得不菲的稿酬，也使出版者盈利甚丰。更为重要的是，资本转化过程中文化产品对读者的吸引力和爆发出的社会影响力，无形之中增强了英国文化的全球影响，成为跨文化传播和文化交流的典范。

第七章
"知识的突围"：
出版理想与《尤利西斯》的面世

　　知识的产生与传播，是在具体的时代和社会情境之中发生的。社会情境既是知识产生的深厚土壤，同时也有可能对知识的传播造成阻碍。从现实看，知识生产与知识传播是两个不同的范畴：知识生产更多地关乎创作者，是创作者身处时代情境之中，因对身处群体、所居社会有独特之感触而生成的言说、书写活动；知识传播则涉及知识文本的商品化，既关乎知识商品的生产，也涉及知识商品在社会中的传播与流转，更多地与作者之外的知识从业者相关。中外文化史上，有很多具有独特文学价值与深厚思想的知识文本，在商品化和走向社会的过程中，或多或少都受到时代环境的桎梏，甚至有些经典作品，面世之旅更是一波三折，饱经磨难。正是创作者和知识商品生产诸环节参与者的合力，才使得这些具有超前精神特质的知识文本得以突围，冲破种种藩篱，走向社会公众，进入人类知识的历史长河之中。詹姆斯·乔伊斯的《尤利西斯》正是这方面的典型，它的面世，不仅呈现了"知识突围"的不易，也彰显了出版者的"出版理想"。

一　不朽的经典

丹尼斯·西尔弗曼，美国纽约卡车司机联合会下属基金会的一位基金管理人，同时也是一位图书珍本商人。1986年，他花费3.5万美元的大价钱购入一册《尤利西斯》初版本——这本书是乔伊斯亲笔签名送给编过其作品的美国《小评论》杂志编辑玛格丽特·安德森的，是100本精装签名本之中的第3号（《尤利西斯》首印1000本，其中750本普通纸张印刷，售价150法郎；150本直纹版画纸印刷，售价250法郎；100本荷兰手工制印刷，作者亲自签名，售价350法郎），可谓弥足珍贵。五年后，丹尼斯·西尔弗曼以13.5万美元的价格将其售出，大赚了一笔。可是过了短短十一年，《尤利西斯》第二版小规模印制的100本中的一本，在珍本书市场上竟售出了46万美元的高价。①数十年来，《尤利西斯》不仅是国际珍本书市场上的"宠儿"，也是文学史、出版史上最令人津津乐道和引人注目的奇迹之一。

---

① 里克·杰寇斯基：《托尔金的袍子——大作家与珍本书的故事》，王青松译，上海译文出版社，2011年，第73—84页。

事实上，詹姆斯·乔伊斯
和他的《尤利西斯》一样命
途多舛。为了坚守不被家庭
和世俗社会认可的爱情与婚
姻，他早早逃离爱尔兰的故
土，在伦敦、巴黎等欧洲多个
城市颠沛流离，还曾在远离
家人的遥远的意大利小城的
里雅斯特教书为生。《尤利西
斯》的面世更是历经波折，在
欧美国家刊物刊发小说片段
的过程中，就不仅饱受争议，
还频繁受到来自政府或民间
相关机构的诘难。即使是在

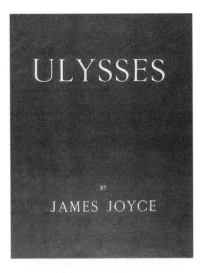

图 7-1　1922 年莎士比亚书店出版
的《尤利西斯》初版本封面。初版本
是詹姆斯·乔伊斯在屡遭挫折后终获
出版的，西尔维亚·毕奇的执着与坚
忍，是该书得以面世的关键

出版之后，亦招致持久的争议。英国文学家、布鲁姆斯伯里文化
圈的核心人物弗吉尼亚·伍尔夫，在其辞世前的日记中就曾记
述道：

　　乔伊斯去世了——他比我小两周左右。我依然记得韦弗
小姐戴着羊毛手套，把《尤利西斯》的打印稿放在我们霍加
斯宅的茶桌上。我想是罗杰让她来的。我们愿意为出版它而
奉献生命吗？那些淫秽的文字与她格格不入：她打扮得像个
老姑娘，扣子扣到嗓子眼儿。纸页上充斥着猥亵的内容。我

把它放进了抽屉的暗格。有一天凯瑟琳·曼斯菲尔德过来，我又将它拿出来。她开始读，边读边冷嘲热讽；然后她突然说，不过这段有点意思——这一幕足以载入文学史册。乔伊斯当时就住在附近，不过我从没见过他。一年夏天，我买了它的蓝色平装本，就在这儿读，不时啧啧称奇，不时有新的发现，与此同时又免不了陷入长时间的强烈厌倦。这一切都好像是上辈子的事。如今，所有的绅士都在翻新他们的观点，在这个漫长的进程中，书籍取代了他们的位置。①

这是伍尔夫 1941 年 1 月 15 日的日记，距离她投水往生仅两个半月。日记中透露的几点信息值得注意：首先，是时间。作为英国当时最为知名的作家的伍尔夫，在人生的暮年，去世之前，审视钟爱一生的写作生涯，她想到了乔伊斯及其《尤利西斯》（当然，是因乔伊斯的辞世②引发），由此可见，《尤利西斯》在她心目中有不一般的地位（虽然感情复杂）。其次，《尤利西斯》曾经谋求借助伍尔夫的力量出版。伍尔夫与丈夫伦纳德·伍尔夫创办了霍加斯（Hogarth）出版社，曾经出版过欧美诸多一流作家的作品，在欧美的独立出版商中有一席之地。作为《尤利西斯》英国杂志连载的编辑和乔伊斯的崇拜者，韦弗小姐曾求助于伍尔夫，希望后者能够在英国出版这部小说。但从伍尔夫的描

---

① 伍尔夫：《思考就是我的抵抗：伍尔夫日记选》，齐彦婧译，中信出版集团，2022 年，第 242 页。

② 1941 年 1 月 13 日，詹姆斯·乔伊斯于瑞士苏黎世辞世。

述看，她对《尤利西斯》充满矛盾心情，或许是对小说内容有所保留，或许出于对英国政府对"淫秽文学"的忧虑，她最终放弃了这部小说的出版。再次，伍尔夫对《尤利西斯》的文学地位是有充分的认知的。她在小说出版近二十年后，还记得当时读小说时的情景："不时啧啧称奇，不时有新的发现，与此同时又免不了陷入长时间的强烈厌倦。"

毁也罢，誉也罢，无论如何，《尤利西斯》在欧美文学界引发了包括弗吉尼亚·伍尔夫这样的文化名流的持久关注。她所读的"蓝色平装本"，大概就是后来于巴黎出版的《尤利西斯》的最早版本。事实上，自1922年出版之后，《尤利西斯》就在全世界范围内享有越来越隆的盛名，被认为是20世纪最伟大的文学作品之一。催生这部杰作、为这一切奇迹创造坚实基础的是身在法国巴黎的一名美国年轻姑娘——西尔维亚·毕奇。那一年，她三十五岁！

二　杰作的突围

西尔维亚·毕奇并非典型意义上的出版人，因为她一生出版的作品寥寥可数。从其自传中我们可以发现，她大概只出版过三本书，分别是《尤利西斯》（1922年）、《一诗一便士》（1927年）、《我们有关〈创作中的作品〉之从无到有化虚为实之考察》（1929年），这三本书都是乔伊斯的作品。但其文化活动、书业经

图 7-2　1939 年，毕奇在莎士比亚书店

历和为乔伊斯出书的过程，无不昭示了一位优秀出版家应该具备的卓越品质。

　　毕奇首先是一位出色的书商，她 1887 年出生于美国巴尔的摩，父亲是新泽西普林斯顿的长老会牧师，母亲是出生于印度的美国人，受过完整的中学教育。父母的文化素养，尤其是父亲的文化素养与社交圈子（其父教区中有三位美国总统和一众文化名流，毕奇家与这些家庭都有交往），培养了毕奇对阅读的热爱和文化的憧憬，这影响了毕奇一生的行事与追求。尤为重要的是，在毕奇十四岁时，父母带她在巴黎生活了几年，她和热爱法国的父母一样，迷恋上了法国文学，以至于一度想在纽约开办一家法文书店，专售自己崇敬的法国作家的作品。开书店的梦想一直存在着，她觉得这是适合自己的理想生活，为此，她在十九岁的时候，就曾向美国出版家本·许布希（B. W. Huebsch）询问如何开书店（许布希是知名出版人，曾在美国出版乔伊斯作品《一个青年艺术家的肖像》）。理想终于实现，1917年毕奇去了巴黎，通过她的朋友莫尼耶（A. Monnier）认识了瓦莱里（Paul Valéry）、儒勒·罗曼（Jules Romains）、安德烈·纪德（André Gide）、瓦莱里·拉尔博（Valery Larbaud）、莱昂-保尔·法尔格（Léon-Paul Fargue）、安德烈·莫洛亚（André Maurois）等法国知名作家。1919年11月19日，毕奇的莎士比亚书店开张了。那是第一次世界大战结束不久，一个美国人出现在巴黎的文化地图上。在炮声隆隆的日子里，战争在一定程度上阻隔了文化的传播，美国与欧洲国家的文化交流受到很大影响。再加上战后的岁月，人们的精神亟须充实，莎士比亚书店的出现可谓正当其时。书店设立后，主要销售英美国家作家的作品，但很快成为各国作家雅集之所，罗伯特·麦卡蒙（Robert McAlmon）、格特鲁德·斯坦因（Gertrude Stein）、舍伍德·安德森（Sherwood Anderson）等一大批美国当代杰出作家成为莎士比亚书店的常客，当然，其中还包括大名鼎鼎的司各特·菲茨杰拉德（Scott Fitzgerald）和欧内斯特·海明威（Ernest Hemingway）。杰出的出版家都是文化活动家，他们周围往往能够聚集一批引领时代潮流的作家、学者、艺术家，并能够以自己的活动能力将他们的才华激发出来。他们是文化的"中介"，有参与文化活动的热情，同时又有能力赢得杰出作者的信任，相应地就能获得比常人多得多的机会。这是优秀出版家的重要品质之一，西尔维亚·毕奇身上

图 7-3　1920 年，毕奇与詹姆斯·乔伊斯在巴黎。这是毕奇与其文学偶像的首次会面，为《尤利西斯》的出版结下了因缘

无疑体现了这一点。毕奇的好朋友、法国作家尚松说："西尔维亚就像一只传播花粉的蜜蜂，她让各方来的不同的作家进行交流，她将英国、美国、爱尔兰和法国的作家们紧密地结合在一起，功效要远远胜过四国大使。"①

爱尔兰作家詹姆斯·乔伊斯在 1920 年的一次聚会上第一次与毕奇谋面，之后他很快就成了莎士比亚书店的常客。乔伊斯是 20 世纪世界文学中最有成就的作家之一，也是最命运多舛的一位。他一生颠沛流离，曾经在爱尔兰、英国、法国、意大利、瑞士等多个城市辗转居住。当同时代的同样出生于爱尔兰的文学家叶芝和贝克特先后于 1923 年和 1969 年获得诺贝尔奖时，乔伊斯却与诺奖失之交臂——"他因为作品里面充满晦涩猥琐的字眼而始终被排斥在诺贝尔的殿堂之外"，"是 20 世纪诺贝尔文学奖的最大遗珠之一"。②乔伊斯显然不是一位文运畅达的作家，与后世享有的盛名

---

① 转引自恺蒂：《毕奇与莎士比亚书店》。参见西尔维亚·毕奇：《莎士比亚书店》，恺蒂译，译林出版社，2014 年，第 8 页。
② 安德烈·伯纳德编：《退稿信》，陈荣彬译写，新星出版社，2011 年，第 101 页。

和受到的无上推崇不同，在 20 世纪初期，乔伊斯在文学界的处境备受争议，而在出版界的遭遇则更加凄惨，其代表性的几部作品的出版无不充满曲折，屡遭退稿的命运。他的第一部作品《室内乐》经历了三次退稿，等待三年才出版，《都柏林人》的出版则花了十年时光，《一个青年艺术家的肖像》从创造到出版所花去的时间更长达十二年。[①] 尤其是使乔伊斯在英美文学界声名鹊起的《都柏林人》，更是遭遇 22 家出版社先后退稿。[②] 对于另一部杰作《一个青年艺术家的肖像》，有一家出版社则在退稿信中说："它太不着边际，缺乏形式，没有限制，而且作者又毫不遮掩地描写丑陋的事物，使用脏话；有时候它们就这样赤裸裸地被故意摆在读者面前，实在很没必要。"[③] 乔伊斯是个早慧的文学天才，也是一位放荡不羁的文人。二十二岁的时候，他爱上了老家的一名乡下姑娘诺拉，两人逃离爱尔兰私奔国外，而直到 1931 年，乔伊斯三十九岁的时候，两人才正式结婚。诺拉没有受过什么教育，一家的生活重担都压在乔伊斯一个人身上，而乔伊斯在苏黎世、的里雅斯特等地只能以家庭教师的工作糊口，其间还要花时间撰写他那些多灾多难的文学作品。《尤利西斯》的写作大概开始于 1909 年或 1910 年，那时乔伊斯正在罗马。与其他作品的漫长写作过程相比，这部伟大小说写得一点都不快。

---

① 蒲隆：《乔伊斯文集总序》，参见詹姆斯·乔伊斯：《乔伊斯文集·乔伊斯书信集》，蒲隆译，上海译文出版社，2013 年，第 13 页。

② 安德烈·伯纳德编：《退稿信》，陈荣彬译写，第 100 页。

③ 同上，第 102 页。

图 7-4 詹姆斯·乔伊斯的另一位崇
拜者哈里特·韦弗，她对乔伊斯作品
的出版做了很多努力

1916 年 9 月 14 日，在致叶芝的信中，乔伊斯写道："我正在写另一本名叫《尤利西斯》的书，不过几年之内是写不完的。"[①]其间，乔伊斯的生活屡遭困厄，他常常在给弟弟的书信中提及生活之不易。1916 年 5 月起，他开始接受英国《自我主义者》主编哈里特·韦弗（Harriet Weaver）小姐的定期资助。为了缓解生存的压力，1918 年 3 月时，《尤利西斯》开始在美国安德森主编的《小评论》和英国《自我主义者》上连载，但连载的命运并不比乔伊斯此前出版作品的经过更顺利。首先在美国，由于"恶习防范协会"（Society for the Suppression of Vice）和新闻检查员的干预，《尤利西斯》的连载被迫中断，《小评论》不仅被焚烧，还被告上了法庭，成为禁书。此外在英国，韦弗小姐曾经想尽办法谋求出版《尤利西斯》，不仅连关于承印此书的印刷厂都找不到，还使得此书在英国也成了禁书。

---

① 蒲隆：《乔伊斯文集总序》，参见詹姆斯·乔伊斯：《乔伊斯文集·乔伊斯书信集》，蒲隆译，第 275 页。

图 7-5　毕奇与詹姆斯·乔伊斯商谈《尤利西斯》的出版，其间所经历的曲曲折折以及乔伊斯的情绪起伏和严苛要求，只有出版人知晓

图 7-6　毕奇、乔伊斯与友人在莎士比亚书店。他们上方有一幅莎士比亚的肖像画，这也是莎士比亚书店的标识

　　困难重重之下，1920 年，乔伊斯一家来到了巴黎。走投无路之际，对乔伊斯作品情有独钟的毕奇提出，由她和莎士比亚书店来出版《尤利西斯》。这对于乔伊斯而言，是莫大的喜讯，亦是不小的心灵慰藉——十余年的心血终于有了出头之日。而对于年轻的毕奇而言，这同样是难得的机遇——以她对乔伊斯及乔伊斯作品的理解，这将是一部流芳百世的文坛巨著，作为书商，能够参与其中，实在是与有荣焉。在出版史上，凭借自身人脉寻找成名成家的优秀作者，并设法将其作品推向传播的极致，创造出图书出版的奇迹，这固然是了不起的成就；但是对于优秀的出版家而言，如果我们不是锦上添花，而是雪中送炭，发现并帮助有潜力的作者摆脱困境，走出阴霾，成就一番原本并无希望的伟业，这是更值得称道的出版品质。对于毕奇来说，1920 年的乔伊斯当然已声名鹊起，但也绝非炙手可热的一线作家。相反，由于其作品的前卫性以及在道德方面对当时社会风俗的挑战，使得他不仅不是出版界的宠儿，反而成为文坛和出版业的烫手山芋，其作品更是被推来搡去，出版过程步履维艰。毕奇在此时此刻出手相助，除了仁心，还有她的慧眼。一流出版家的最重要的就是眼光，没有披沙拣金的眼光，是不能发现优秀作品的，杰出作品的出版史就是出版人的发现史。简言之，独到的眼光，于芸芸众生中识人的才具，亦是优秀编辑出版人不可缺乏的品质。在毕奇、乔伊斯的文化交往圈中，从事出版活动的并非她一人，至少还有三位文化人也是出版人——埃尔金·马修斯、罗伯特·麦卡蒙、加斯东·伽利玛，比她干练机敏的也大有人在，然而抓住机会的是毕奇！这正如曾任美国斯克里布纳出版公司总编辑的布劳内尔所言："编辑百分之九十的时间所履行的职责是任何一个办公室的勤杂工也能干得好的，但是，每个月有一次，或者每半年有一次，契机出现了，没有他人，而只有你能够处理。这个时刻就用得着你所受过的全部教育和你的一切的经历，以及你生活里所有的思考。"①这真是给编辑出版从业者的金玉良言。很多时候，看似无心插柳的出版奇迹，背后极有可能是编辑出版人数十年自身"修炼"的结果。出版史上有为数众多的经典名作是屡遭退稿后才出版的，为什么那么多编辑出版人让这样的伟大作品在眼前溜走？为什么只有少数人抓住了契机？因为这为数不多的编辑出版人正是有一种一般人没有的非凡眼力，而这眼力无疑是由多年文化的耳濡目染和执着追求所练就的。而毕奇也正是以自己的教养、经历与思考赢得了乔伊斯的信赖，获得了《尤利西斯》的出版机会。

此外，在《尤利西斯》的出版问题上，还展现了毕奇的职业勇气。就如新闻业有新闻专业主义一样，图书出版自然也有其职业标准，它所指向的是选择、判断一部作品优劣、是否值得出版的标准。在乔伊斯以往作品的出版问题上，出版商或者出于本身价值判断，或者出于所在国家政府政策法规、传统习俗限制，追根究底，都是出于道德风化之考量，鲜少从作品的文学性

---

① A. 斯科特·伯格：《天才的编辑》，孙致礼等译，陕西人民出版社，1984年，第65—66页。

本身去衡量。《尤利西斯》在英、美两国被禁，也都是出于道德禁锢，其实质则是对言论自由的践踏。事实上，在19世纪末20世纪初的美国，因以道德作为衡量艺术作品的首要标准，很多优秀的艺术文学作品横遭指摘，或被查禁，或被销毁，作者亦多蒙难。前述"恶习防范协会"的创办人科姆斯托克就曾说过："艺术不能超越道德，道德最重要，法律则居次，承担捍卫公德的重任。当艺术有猥亵、淫秽的倾向，或有伤风化的时候，就与法律抵触。"[①]对于将道德作为衡量文学艺术的首要标准甚至是唯一标准，以道德的名义钳制优秀文学作品出版的做法，毕奇是不以为然的，恰如毕奇在自传中所言："对于美国作家们为了争取言论自由而进行的种种奋争，我无法亲身体验，而且，在1919年我的书店开张时，我也没有预见到大洋彼岸的作家们所遭受的种种打压，会让我的书店获利。我想这种打压，还有因打压而造成的恐怖气氛，是一批又一批的顾客来到我的书店的原因之一。"[②]从这段看似平和的论述中，我们不难看出，毕奇对于当时美国国内高压文化气氛的不满，而我们也因此可以理解，"垮掉的一代"美国作家之所以将莎士比亚书店当作在欧洲的第二故乡和精神堡垒，这与毕奇对言论自由的捍卫是密不可分的。毕奇克服困难将乔伊斯《尤利西斯》出版，恰恰是她以实际行动对以道德名义戕害言论自由的对抗。

---

① 阿尔维托·曼古埃尔：《阅读史》，吴昌杰译，商务印书馆，2002年，第351页。
② 西尔维亚·毕奇：《莎士比亚书店》，恺蒂译，第24页。

获得作者信任、赢得出版图书的机会只是整个出版流程的第一步，其后的图书出版过程尤其是杰出作者的重要作品的出版过程可能会一波三折，这样那样的困难也会接踵而至，而这更是考验编辑出版人职业精神和出版智慧的环节。《尤利西斯》恰恰经历了这样的出版历程，其遭遇的困难也非一般编辑出版人所能应对。乔伊斯是个看上去温文尔雅的人，但其对自己创作中文学作品的要求苛刻至极。其中，一个重要表现就是不厌其烦、反

图 7-7　"二战"胜利后，毕奇与海明威等友人在莎士比亚书店庆祝战争结束。若没有海明威的帮助，《尤利西斯》美国版的出版恐怕没有那么顺利；他加入"《尤利西斯》出版阵营"，也为这部经典名作的出版增加了传奇色彩

反复复地修改稿件。倘若这是在交稿之前，倒也无所谓，这是作者自己的事情，与编辑无关。而乔伊斯的改稿是不分交稿前后的，交稿前，反复修改；交稿后，修改的次数一点也不比交稿前少。更令毕奇感到头疼的是，《尤利西斯》要赶在乔伊斯生日前出版，而在一年多的时间里，将这部三百多页手稿编辑成一本书，在当时看来简直是不可能完成的任务。更何况，毕奇还面临三大不得不面对的困难：首先，乔伊斯是一位才华横溢的文

体大家，又是语言天才，据说他掌握的语言近十种，在《尤利西斯》中，不同语言时有出现，令帮他打印手稿的文字录入者大为烦恼。困难的时候，连愿意承接这项工作的打字员都找不到——"第八位打字员曾威胁他（乔伊斯）说这文稿简直要让她跳楼自杀；至于第九位，她按过他的门铃，等他开门后，她就把已经打过字的手稿仍在地上，然后顺着大街飞跑而去，再也不见她的踪影"[1]，毕奇在其自传中写道。事实上，第九位打字员连报酬都没有要，她将手稿交给乔伊斯飞奔而去的目的只有一个——赶快摆脱这本书。乔伊斯自己也在给朋友的书信中提到手稿录入遇到的麻烦："最令人发愁的就是打字员。四个打字员都拒打《喀耳刻》。……现在有人把我的手稿誊抄清楚了，此人把它转给另一个人，后面这个人又把它交给别人来打。"[2] 其次，愿意承担《尤利西斯》印制工作的印刷厂非常难找。虽然该书当时只是在英国和美国连载了很短的篇幅，但其禁书之名在欧美出版业和文艺界大名鼎鼎。在英国，很多印刷厂对乔伊斯都避之唯恐不及。因为在当时的英美，一旦出版品被认定为"违禁"，除了出版商会遭遇处罚，相关的印刷厂亦会负连带责任，很多印刷厂因此而倒闭。虽然法国的社会风气和对出版的管制比英美略好和略松，但很多印刷商尤其是稍有声名、印工精良的印刷商都不愿意冒此风险。费了九牛二虎之力，毕奇才在第戎找到了一位愿冒风险的印

----

[1]　西尔维亚·毕奇：《莎士比亚书店》，恺蒂译，第 74 页。

[2]　乔伊斯 1920 年 2 月 28 日致弗兰克·巴津的信。参见詹姆斯·乔伊斯：《乔伊斯文集·乔伊斯书信集》，蒲隆译，第 341 页。

刷商达戒提耶。再次，乔伊斯对图书出版非常讲究并有着个人癖好，这给毕奇带来了不小的麻烦。《尤利西斯》交稿进入排版后，乔伊斯还在不断对作品进行修改，最后添加的内容竟然比原计划扩充了三分之一的篇幅，不仅花去了很多时间，也大大增加了毕奇的成本支出，一度使其陷入财政困境。对于封面，乔伊斯也有特殊的要求——必须使用希腊国旗上的两种颜色——希腊蓝和希

图 7-8　乔伊斯的修改，不仅仅是少数错字的修改，他还补充添加了不少内容。在没有数字排版技术的 20 世纪 20 年代，这样的修改，使出版商承担了更多的风险

腊白（最终的《尤利西斯》初版本正是蓝底白字）。为此，毕奇和印刷商几乎跑遍了半个欧洲，最后才在德国买到了符合乔伊斯心意的封面用纸。其实，乔伊斯对于希腊蓝的嗜好，仅仅是出于迷信——在他的母亲说要做一套衣服给他的时候，"詹姆斯说希望衣服是蓝色的，还问母亲能否同时寄一顶蓝色的毡帽过来。他非常迷信，认为蓝色对他有辟邪作用"[①]。乔伊斯选择蓝色作为

---

① 埃德娜·奥布赖恩：《乔伊斯》，李阳译，生活·读书·新知三联书店，2014年，第33页。

《尤利西斯》封面底色，目的也出于此。面对作者层出不穷甚至
有些非理性的过分要求，很多编辑出版人也许会与作者对抗甚
至放弃一本杰出作品，毕奇选择的是尊重作者、忠于作者，在她
看来，作者是第一位的。为了出版第一流作者的伟大作品，自
己遇到再大的困难也要想办法克服，遭遇作者再极端的苛刻要
求，只要自己有能力有办法去解决，也要尽量满足作者的心愿。
只有这样，才能出版伟大的作品。正如珀金斯所言："有两种气
质使这位编辑名满天下，一是对于一本好书能越过缺点看到优
点，不管这些缺点如何令人沮丧；二是任凭困难再大，也能不屈
不挠地去挖掘该书的潜力。"①面对乔伊斯，毕奇做到了，也许她
没有想过要博得大名，但是《尤利西斯》的出版确实使她一举
成名!

三　出版者的"执念"

在中文的语境中，"徒"有一意是指持有某种宗教信仰的人。
若以此来比喻出版业，做个不甚精确的划分，编辑出版人可以
大略分为三类，（1）信利者："好利之徒"——将图书出版仅仅看
作盈利的工具，与一般企业无异。欧美出版业在 20 世纪 60 年代
后风起云涌的兼并浪潮中，催生了一大批"好利之徒"，不仅没

---

① 　A. 斯科特·伯格:《天才的编辑》，孙致礼等译，第 1 页。

有使出版业获取更多的利润，还使往昔的出版辉煌也一去不返。

（2）信名者："好名之徒"——将出版业看作彰显个人名声的手段，种种行为大都是为了个人的社会声誉。英国出版人维克多·葛兰茨被认为是一位个人主义虚荣心极度膨胀的人，他一生中出版了很多数量庞大、价格低廉的政治类书籍，被认为"不是商业出版家，而是政治宣传家"，他一生的格言是："他是先知、朝圣的博士，他掌握了真理，并决心把它灌输给其他人。"与"好利之徒"偏重于盈利不同，"好名之徒"当然也看中经济回报，但他们更为在意的是自身的社会影响力和个人主义虚荣心的实现。

（3）信书者："好书之徒"——其工作着眼于图书本身，个人兴趣和爱好是其动力之源。好书之徒并非不爱名，其与好名之徒最大的区别在于，好书之徒将书本身放在第一位，而好名之徒将名誉、名声放在第一位。好书之徒的本质是文化的传播。在名与利之间，有一个文化在。在雷蒙·威廉斯看来，文化至少应该包含三个不同的层面：一是用来描述"18世纪以来思想、精神与美学发展的一般过程"；二是"表示一种特殊的生活方式"，关于一个民族、一个时期、一个群体或全体人类；三是用来描述"关于知性的作品与活动"。[1]优秀的编辑出版人很多时候将自己所从事的图书出版活动内化为一种特殊的生活方式，而这种生活方式又是与一个时代的知性文化产品的生产和传播紧密相关的。从词源上讲，"文化"有培养、培育、种植等义，优秀的编辑出

---

① 雷蒙·威廉斯：《关键词：文化与社会的词汇》，刘建基译，第106页。

版人正是将出版看作一种培育、种植优秀文化产品的活动，编辑出版了诸多流传于世的经典作品，并在其中实现了个人价值，书写了出版业的新篇章，也促进了社会的发展和进步。

　　西尔维亚·毕奇正是这样一位"好书之徒"：忠诚于作者，开风气之先，有自己的坚守，不为商业利益所动，亦不为名声所禁锢。与韦弗有遗产和其他经济来源不同，毕奇经营的书店是其主要经济来源，为了出版乔伊斯的书，她曾竭尽全力帮助乔伊斯，莎士比亚书店也一度成为乔伊斯的"私人银行"和"生活助理"，为了弥补成本节节攀升的排版和印刷费用，她也曾向亲

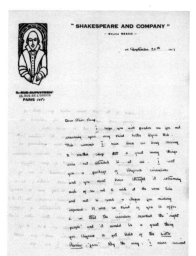

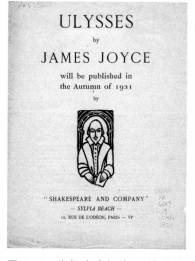

图 7-9　西尔维亚·毕奇致友人 Jane Heap 的一封信，谈及她与乔伊斯的英国赞助人韦弗关于在英国出版《尤利西斯》的争论

图 7-10　为解决《尤利西斯》出版资金不足的困境，1921 年毕奇印制了一份向友人募集出版资金的计划书

戚借债。在刚刚获得《尤利西斯》出版权的时候，她说过，自己可以出名了，但是当自己与乔伊斯的利益发生冲突的时候，她选择的是退出和忍让。如果她不忍让，与乔伊斯打官司，那么她会大大出名，说不定还会获取不菲的经济回报。但她没有这么做——在她心目中，乔伊斯虽然有点过于自我，但那是天才的自我，自己付出再多，委屈再多，也是值得的——"为乔伊斯工作，所有的乐趣都是我的……所有的利润都是他的"。毕奇是为了出版《尤利西斯》而付出的努力，永远值得有志于高品质出版的从业者怀念和记取。

结　语

在纸墨之间，我们艳羡莎士比亚书店的好机缘，我们钦佩莎士比亚书店主人的豪侠气，我们嫉妒她能够捞到大家都在关注而却捕捉不住的"大鱼"——《尤利西斯》，我们羡慕她有一家文人雅士欢聚，汇思想精华同时又文气流溢的书店，而我们觉得距离遥远，而问题是，我们，真的像莎士比亚书店主人那样热爱书吗？

作为一种知识呈现的形态，书籍的出版从来不是轻而易举的事情，在物质资料匮乏的年代如此，在当下信息传播技术发达的时代亦如此。每一个知识商品的出现，都是"知识突围"的过程：在诸多的写作者之中，如何使自己的文本进入知识加工者的视野之中，赢得他们的青睐，是至关重要的环节。在思想史上，柏拉图、亚里士多德等经典学者的著作，曾经在罗马帝国土崩瓦解之后消失在知识场域之中，是君士坦丁堡在 15 世纪中期的陷落，使欧洲的人文主义印刷商重新发现了它们以及同时代的古希腊和古罗马诸多先贤之作，使其在知识场域之中重新为人所知。时代环境的局限和受众趣味的差异，也会使知识文本面临不同的处境，卡夫卡作品在他在世时的遇冷以及在 20 世纪的引人注目，便是社会情境变迁与受众趣味变化的最好体现。从这个角度看，詹姆斯·乔伊斯的《尤利西斯》也是时代的产物。乔伊斯的幸运在于，他遇到了一个为优秀的小说作品而甘愿奉献自身一切的非典型出版者，而正是西尔维亚·毕奇这位非典型出版者的出场，才最终使得《尤利西斯》实现了"知识的突围"！

第八章

"谷登堡的延伸"：
晚清传教士与中国出版的现代转折

　　1807年9月，在转道美国并经历了近八个月漫长的海上旅行后，伦敦传教会二十五岁的年轻传教士罗伯特·马礼逊（Robert Morrison）[①]到达中国广州。对马礼逊本人而言，他前往中国的目标其实很明确，那就是做一名在海外传播基督福音的传教士。然而，临行前，在伦敦传教会董事会于1807年1月20日签署给马礼逊的文件——"书面指示"中，明确提出，马礼逊到中国后首要的任务是要做两件对"世界广泛有益的事"：一是"编纂一部

---

① 　马礼逊是第一位进入中国进行传教活动的基督新教传教士。派遣马礼逊入华的是伦敦传教会，成立于1795年，该会系由英国四家新教宗派联合设立，成立之目的是向海外尤其是非基督教国家的国民传播基督信仰。明清之际进入中国的传教士，如利玛窦、汤若望、南怀仁等，均系天主教徒，受耶稣会差遣。关于耶稣会士的论述，可参见熊月之：《西学东渐与晚清社会》，中国人民大学出版社，2011年；利玛窦：《耶稣会与天主教进入中国史》，文铮译，梅欧金校，商务印书馆，2014年。关于英国伦敦传教会的论述，可参见马礼逊夫人：《马礼逊回忆录》，顾长声译，广西师范大学出版社，2004年。

中文字典，要超过以前任何这类字典"；二是"把圣经翻译成中文，好使世界三分之一的人口，能够直接阅读中文圣经"。其实，在 1804 年 9 月批准马礼逊前往中国传教的董事会决议中，早已强调了这一点：马礼逊前往中国，"特定的目标是掌握中国语言文字，要把圣经翻译成中文，而传教不是首要任务"[1]。无论是编纂字典，还是翻译圣经，最终都要落实到印刷出版上。虽说晚清传教士们传播基督福音的实际成效与其预期目标存在不小差距，但伦敦传教会的工作规划，经过数百位传教士几十年的共同努力，无意中为中国出版业的现代转折奠定了基础，并在一定程度上促进了中国近现代知识传播新版图的形成。

马礼逊是最早踏足中国内地的基督新教传教士，对以他为代表的晚清基督新教传教士在华活动的研究，是近年来学术界关注的热点论题之一。早在 20 世纪 80 年代，就有学者就这一论题做过深入研究，只不过受当时研究环境所限，研究者大多采用"传教士系帝国主义侵华工具"的视角开展研究，虽然也涉及传教士的出版活动，但言之不详。[2] 20 世纪 90 年代以来，研究者突破了"侵略工具论"的老范式，开始运用哈佛大学中国学权

---

[1]　马礼逊夫人：《马礼逊回忆录》，顾长声译，第 25—26、18 页。

[2]　可参见顾长声：《传教士与近代中国》，上海人民出版社，1981 年；顾长声：《传教士与近代中国（增补本）》，上海人民出版社，2013 年；顾长声：《从马礼逊到司徒雷登——来华新教传教士评传》，上海人民出版社，1985 年。顾长声的研究，是中国晚清传教士研究的开山之作，他掌握了大量的中外文献，其论著资料翔实，是这一研究领域的必备参考书。

威费正清"传统—现代"和"文化帝国主义"的研究范式，重新探讨这一论题。这一时期的研究大致可分为三类：

首先是侧重于基督教对中国社会宏观影响的研究，陶飞亚、王立新、汤森、顾卫民等学者的研究都是遵循这一路径展开的。① 这些研究者大都是历史学出身，对于史料把握得很好，虽然他们也都注意到了传教士在华的出版事业，有的甚至对其科技出版等活动还做了专门探讨，但总体而言仍较为简略，淹没在"社会影响"的宏大叙事中。

其次是侧重传教士在中西文化交流中重要作用的研究。费正清、钱存训、唐日安（Ryan Dunch）、周启荣（Kai-wing Chow）等人就是从此一视角入手的。② 这些研究基本上只是从文化内容

① 黄新宪:《基督教教育与中国社会变迁》，福建教育出版社，1996 年；顾卫民:《基督教与近代中国社会》，上海人民出版社，1996 年；王立新:《美国传教士与晚清中国的现代化——近代基督新教传教士在华社会文化和教育活动研究》，天津人民出版社，1997 年；王立新:《美国传教士与晚清中国的现代化——近代基督新教传教士在华社会、文化和教育活动研究》，天津人民出版社，1997 年；汤森:《马礼逊——在华传教士的先驱》，王振华译，大象出版社，2002 年；陶飞亚:《边缘的历史——基督教与近代中国》，上海古籍出版社，2005 年；尚智丛:《传教士与西学东渐》，山西教育出版社，2012 年。

② 费正清:《新教传教士著作在中国文化史上的地位》，吴莉苇译，《国际汉学》2003 年第 2 期。Tsuen-hsuin Tsien, "Western Impact on China Through Translation", *The Journal of Asian Studies* 13, Issue 3 (May 1954). Ryan Dunch, "Beyond Cultural Imperialism: Cultural Theory, Christian Missions, and Global Modernity", *History and Theory* 41, Issue 3 (October 2002). Kai-wing Chow, *Publishing, Culture, and Power in Early Modern China* (California: Stanford University Press, 2004).

本身展开论述，对于出版活动，很少论及。

　　再次是对传教士从事相关传教活动和文化活动的研究。这类研究虽然仍然将研究集中于中西文化交流与沟通，但大都涉及了出版活动。熊月之的研究最为翔实，对传教士从事的期刊和书籍出版及社会影响做了事无巨细、颇为严谨的考证，但是对出版活动自身的特点和规律着墨不多。何凯立的研究与之类似，但其时间跨度要小很多。[①] 邹振环着眼于 20 世纪上海的翻译出版，对于晚清有所涉及，但也侧重于文化商品本身。[②]

　　此外还有与之相似的研究——传教士的报刊出版活动及其影响，也是着重于报纸内容，而很少涉及出版和出版技术。[③] 苏精等人的研究，关注出版本身，研究较为深入，考证也较细致，对传教士多重身份的阐述还不够。[④]

---

① 熊月之：《西学东渐与晚清社会》，上海人民出版社，1994 年；中国人民大学出版社，2011 年。何凯立：《基督教在华出版事业（1912—1949）》，陈建明等译，四川大学出版社，2004 年。

② 邹振环：《20 世纪上海翻译出版与文化变迁》，广西教育出版社，2000 年。

③ 刘晓多：《近代来华传教士创办报刊的活动及其影响》，《山东大学学报（哲学社会科学版）》1999 年第 2 期；谭树林：《近代来华基督教传教士所创中外文期刊之影响——以〈印支搜闻〉为中心》，《齐鲁学刊》2002 年第 5 期；谭树林：《早期来华基督教传教士与近代中外文期刊》，《世界宗教研究》2002 年第 2 期；沈继成：《试论 19 世纪在华传教士的报刊活动》，《华中师范大学学报（人文社会科学版）》2002 年第 6 期；陈建云：《来华基督教传教士办报动机辨析》，《西南民族大学学报（人文社会科学版）》2007 年第 4 期。

④ 苏精：《铸以代刻：传教士与中文印刷变局》，台大出版中心，2014 年；苏精：《马礼逊与中文印刷出版》，台湾学生书局，2000 年。Xiantao Zhang, *The Origins of the Modern Chinese Press: The Influence of the Protestant Missionary Press*（转下页）

概而言之，以上著述在各自的视角下，对传教士在华活动做了富有成效的研究，学者们特别重视传教士所编辑出版的刊物和书籍对中国社会影响的探讨，但是大都忽略了传教士自身为何会有这样的作为，以及为了实现自身的目标，他们又是如何使用和改进出版技术的。事实上，对于中国近代的知识传播活动而言，传教士无意中促成的是"谷登堡的延伸"——将谷登堡活字印刷技术引入中国，并使它在中国知识传播活动中落地生根，改变了以往千余年雕版印刷技术占据主导地位的局面。恰恰是他们在出版技术方面取得的进步，大大促进了文化活动，为中国的出版转型创造了重要条件，也塑造了近代中国新的知识环境。

书籍史名家罗伯特·达恩顿认为，书籍史的目的是探讨思想和知识如何通过印刷得以传播和揭示印刷文字是如何影响人类思想和行为的学术议题。印刷书的世界，是一个"传播圈"——涵盖了作者、出版人、印刷商、中间商、书商以及读者。以往关于晚清出版的研究，对于这些议题和环节关注都还不够。[①] 本章

（接上页）*in Late Qing China* (London: Routledge, 2007). 后者（Xiantao Zhang）在其著作中对于传教士出版列有专门一章比较了中国雕版与西方活字印刷术之优劣，但对于中国印刷技术如何转变，论述不多。

① Robert Darnton, "What is the History of Books?", *Representations and Realities* 111, No. 3 (summer 1982); Robert Darnton, "What is the History of Books?", Revisited, *Modern Intellectual History* 4 (3) (October 2007).

试图借鉴书籍史研究和"媒介环境学派"①诸学人的研究视角，将（出版）技术作为一条内在的研究线索，同时将传教士的出版动机（天职观）、自身追求（著述者）和技术革新与商业活动等几个方面作为重要探讨内容，试图以此勾勒出晚清来华基督新教传教士的多重身份（传教者、著述者、出版者）及其在中国出版转型及中外文化交流中的作用。

一　上帝的仆人：将印刷出版融入"天职"

在西方宗教发展史上，基督新教出现之前，天主教在欧洲宗教系统中始终处于主导地位。在这个主导性宗教信仰的传承、传播体系中，教会、修道院一度成为基督信仰传布的重要机构和西方知识传播的主要提供者。与教会、修道院相伴而生的是教士阶层。自基督信仰产生之后，在一千二百余年的漫长历史中，教士阶层成为上帝与普通信众之间心灵沟通时绕不过去的中介。中世纪（大约5—15世纪中期）后期，教会的腐败（如通

---

① "媒介环境学派"是学术界对麦克卢汉、英尼斯、伊丽莎白·爱森斯坦、沃尔特·翁、尼尔·波兹曼等传播学者的称呼。一般认为，这个学派的学者重视传播技术对于人类传播的重要作用。例如，伊丽莎白·爱森斯坦由剑桥大学出版社出版、广受好评的巨著《作为变革动因的印刷机：早期近代欧洲的传播与文化变革》，就认为印刷机对欧洲的文艺复兴、宗教改革和科学革命起到极其重要的作用。

过大量售卖"赎罪券"敛财），激起诸多信徒的不满与反抗。捷克宗教改革家约翰·胡斯、德国宗教改革家马丁·路德、法国宗教改革家约翰·加尔文先后加入宗教改革的大潮中，尤其是路德和加尔文的宗教改革，取得显著成效，基督新教由此诞生。与天主教观念不同，新教教义中，上帝与普通信众之间并不需要教会（甚至是罗马教廷）、教士（甚至是教皇）作为中介。通过阅读圣经，普通信众即可直接和上帝进行精神交流。这个重大变革，使得印刷与出版自然而然成为基督信仰及福音传播过程中绕不过去的重要环节。

对于基督徒而言，他们将自己看作"上帝的仆人"——生于人世间，是为传播上帝的福音服务的，这就是他们的"天职"。在西方的宗教文化背景中，"天职"含义有二：其一，将"天职"看作与宗教信仰与宗教活动相关的事业，这是天主教的"天职观"。其二，是基督新教的"天职观"，主要由路德、加尔文等人阐释而成。依照马克斯·韦伯的说法，"天职"观念本起于宗教领域，后经路德等人的改革，而进入世俗职业范畴——"天职"，本是"上帝赋予人的职责"，但是在新教改革者的视野中，"对现世职责的履行构成了取悦上帝的唯一方式"，"在职业的天职中履行职责变得被视为是道德活动所能具备的最高表达形式。这一献身于天职的道德价值的新概念恰恰是将宗教意义附加于日常工作的观念的不可避免的结果"；"宗教意义上的天职观念……能够以各种形式实现"，宗教改革"极大地增强了（现世的、由天职来组织的）工作与道德强调的融合，并且将一份宗教价值，

图8-1　工作中的马礼逊（右一）。他与中国同行一起编纂、印制了《华英字典》《神天圣书》，并引入了谷登堡活字印刷术

或者说报偿，置于这一融合之上"。[①] 由此可见，在路德等宗教改革家看来，放到荣耀上帝、为上帝增光的视界中，日常工作都具有"天职"色彩，而印刷与出版，尤其是致力于基督信仰传播的宗教出版活动，无疑更是体现了"天职"之义——它不仅没有褪去神学意义上的"天职"色彩，而且还具有了路德所说世俗化层面的"天职"意涵。

马礼逊是虔诚的基督徒，在1807年作为传教士进入中国前，他已有数年的神学学习经历，1803年还进入霍克斯顿神学院潜心研习。1804年5月，二十二岁的霍克斯顿神学院学生马礼逊向伦敦传教会递交了他的申请书，表达了自己献身基督、志愿前往中国做一名传教士的宏愿："今呈上这份申请书，恳请阁下和审议委员会诸公审议我担任伦敦传教会派赴海外的传教士的要求。……我现在的第一志愿就是要当一名赴海外传基督福音的传教士。我在祈祷中，向主说这是我义不容辞的责任。"[②] 考虑到马礼逊在1799年9月27日的日记中曾记述"在过去的一段日子里发生了许多事情，其中有一件是被派到西太平洋的几位传教士被当地人谋害了"的往事，其对于前往中国传教的虔诚、勇毅可见一斑。事实上，传教的路并不平坦。彼时，晚清政府严禁外国人在华传教，也不允许中国人教外国人学习中文。马礼逊当初赴中国时，本打算搭乘东印度公司的轮船，但后者因担心其传

---

① 马克斯·韦伯：《新教伦理与资本主义精神》，苏国勋等译，社会科学文献出版社，2010年，第47—50页。

② 马礼逊夫人：《马礼逊回忆录》，顾长声译，第13—14页。

教士身份引起清政府的苛责影响自身生意而拒绝搭载他。伦敦传教会也正是考虑到这些现实，才给他下达首要任务是编字典、译圣经而非传教的指示。对于近代早期从事印刷活动的基督徒而言，印刷，绝非其父母之邦司空见惯的"谋利营业"，而是其传播上帝福音、笃行其"天职"的重要工具。因此之故，宗教意义上的印刷，就与世俗的印刷出版活动有了重要的差异，它于无形之中被浸入了神圣色彩。正因为如此，16世纪的宗教改革家马丁·路德"把印刷术描绘为'至上的神恩，推进了福音传教事业'"，"这是典型的新教思想"。①作为基督新教传教士的马礼逊自然深受此观念的影响。

马礼逊等人在东南亚以及中国境内的印刷与出版活动，正是基督新教"天职观"的最佳体现。因为中国现实环境的制约以及伦敦传教会的明确指示，马礼逊在华的传教活动只能寓于编辑出版活动中：第一是编纂字典。这部中英—英中字典前前后后花去马礼逊十五年的时间，于1823年正式印刷完毕。除获得伦敦传教会的支持外，英国东印度公司是字典能够最终完成的最重要推手，他们甚至为此专门设立了澳门印刷所。东印度公司广州商馆前后多任负责人，如罗伯赐（John William Roberts）、布朗（Henry Browne）、益花臣（John F. Elphinstone）等，都给予马礼逊支持（聘其担任公司翻译）和编印字典方面

---

① 伊丽莎白·爱森斯坦：《作为变革动因的印刷机：早期近代欧洲的传播与文化变革》，何道宽译，第188页。

的经费资助。为了争取东印度公司的资金支持，益花臣还曾亲自致信公司，陈述编纂出版这部字典不仅事关英国在西方世界的文化声誉，还有利于英国在华贸易与利益，这部字典"可因此消除长期以来阻碍学习中国语文的困难，具备广泛的中文知识将有可能导致公司代表更为接近熟识政府官员和有地位的人民，当经常的彼此往来会逐渐消除现有反对外国人的荒谬偏见的同时，我们在中国受到的待遇也可望因我们的品格较被了解而更受到尊重与注意"[①]。第二是翻译出版圣经，并与米怜一同编纂《察世俗每月统记传》。前者以《神天圣书》之名分别于1823年和1832年出版两种刻本。[②] 其实，除此之外，因看到当时中国人似对基督信仰兴趣匮乏，马礼逊还编印了不少介绍西方科学知识及人文地理等方面的非宗教书籍。第三是引进活字印刷技术。苏精的研究表明，马礼逊最初的出版活动，是以中国传统的木刻进行的。在他看来，中国木刻能够彰显汉字优美形构，其印刷品亦庄重典雅。在印刷典籍，尤其是印刷圣经这样的圣书时，木刻比西方活字印刷更能体现一种独特的"神圣性"。但是，当他编印一些时效性较强的传教小册，尤其是《察世俗每月统记传》这样的月刊时，发现木刻的时效性以及成本，远非活字印刷技术所能比。由此，其后期的印刷出版活动，大力改

---

① 苏精：《铸以代刻：传教士与中文印刷变局》，第33页。

② 关于马礼逊翻译印刷《神天圣书》的经过，可参阅苏精：《铸以代刻：传教士与中文印刷变局》，第6—12页；苏精：《马礼逊与中文印刷出版》，第46—48页。

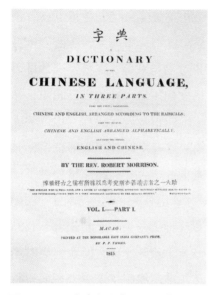

图 8-2　1815 年出版的《华英字典》第一卷

进中文印刷技术（提升铸字水平，以达至其心目中的神圣性）。即使是在活字的选用上，马礼逊也不肯使用法国工匠铸造的部首拼合汉字，而不惜花重金铸造精美汉字。由此可见，除了对于印刷品品质的追求，将印刷出版看作"至上的神恩"的思想深入其心，其印刷出版活动，也始终是围绕传教士的"天职"展开的，即使是其世俗化的出版活动，也因其最终指向导引受众改宗基督信仰，而具有浓重的宗教色彩。

二　知识的信徒：作为著述者的传教士

至 19 世纪中期时，欧美的知识版图发生了巨大的变化。从知识生产者的角度看，中世纪之前教会垄断知识生产与传播的局面被打破了。尤其是 15 世纪 50 年代谷登堡活字印刷术的发明及扩散，在催生出一个日渐庞大的阅读公众群体的同时，亦使得作者的身份发生重大改变。如果说在手抄书时代直至中世纪末期，绝大多数知识生产者主要是以"业余写作者"（多为王公贵胄、修道院修士、大学职员）的身份而存在的话，那么"谷登堡革命"使得依赖公众、市场和出版者，以"职业写作者"面目出现的现代意义（不再依靠阐释注解宗教或世俗经典为写作来源，而是更加看重创造力和彰显个体思想）上的作者出现了。我们发现，晚清传教士虽然身系传教使命，但是作为受过一定教育的知识阶层，对知识的信仰与追求，同样贯穿其传教生涯。

　　传教士对知识的追求，首先表现在他们在各自的传教活动中，创作、翻译了大量的作品。根据传教士伟烈亚力的统计，1800—1867 年，近七十年的时间里，传教士共创作了中文著作（含方言）698 种，其中方言著作 174 种（具体情况，参见表 8-1、8-2）。

表 8-1　传教士中文著述一览表

类别	种数	类别	种数
圣经译文	19	政府	3
圣经注释	27	地理	13
神学	309	算学	8
圣传	11	天文学	6
问答集	33	医学	13
祷告文	10	植物	2
赞美诗	8	自然科学	4
杂集	13	通书	11
教育与格言	10	报刊	10
历史	14		

表 8-2　传教士方言著述一览表

方言种类	著述情况
官话	圣经，4 种；福音对照书，1 种；神学，27 种；问答集，4 种；祷告文，3 种；赞美诗，1 种
上海方言	圣经，16 种；福音对照书，1 种；神学，14 种；问答集，5 种；祷告文，4 种；赞美诗，4 种；教育，3 种；地理，1 种；科学，1 种；上海方言读本，3 种
宁波方言	圣经，4 种；福音对照书，1 种；神学，15 种；问答集，3 种；祷告文，5 种；赞美诗，2 种；教育，2 种；地理，2 种；算学，1 种
广州方言	圣经，2 种；神学，5 种；问答集，2 种；祷告文，1 种；赞美诗，2 种；教育，2 种
福州方言	圣经，6 种；神学，9 种；问答集，1 种；祷告文，1 种；赞美诗，1 种；杂集，2 种；天文，1 种
厦门方言	圣经，3 种；神学，2 种；圣传，1 种；赞美诗，1 种；教育，1 种
客家方言	圣经，2 种
杭州方言	神学，1 种
金华方言	圣经，1 种

　　注：表 8-1、8-2 数据均来自伟烈亚力：《1867 年以前来华基督教传教士列传及著作目录》，倪文君译，广西师范大学出版社，2011 年。

　　根据伟烈亚力的统计，六十多年中，基督教来华传教士共338 名。平均每人翻译或者创造的作品为 2.07 种。考虑到晚清中国书刊出版的难度，无论从著述种类看，还是从人均创作、翻译作品数量看，都表现出基督教传教士对知识生产和传播的热情。尤其是《旧约》《新约》中译本以及字典这样卷帙浩繁的大型作品，如果不是对信仰和知识拥有常人难有的执着精神，是不可能完成的。从表中还可以看出，除了圣经译文、圣经注释、赞美诗、祷告文等少量宗教经典和传教文献，大部分神学类及世俗著述均系传教士个人创作或改编完成。仅以传教士中文著作为例，其个人著述（神学、圣传、问答集、杂集、教育与格言、历史、政府、地理、算学、天文学、医学、植物、自然科学）所占比例高达 87.78%。

事实上，在上述著述中，即使某种图书被归为宗教类著述，其实其内容也往往夹杂世俗知识。宗教与世俗知识的杂糅，除了以往学术界普遍重视的期刊出版（如《察世俗每月统记传》《东西洋考每月统记传》），在书籍出版方面，亦非常普遍。马礼逊、理雅各等人所著的多种图书大都如此，这既有可能是传教所需，同时也彰显了传教士对知识和对个人作者身份的追求。值得注意的是，有些传教士有意识地主动和西方来华政治、军事、商业势力合作，在赢得经济资助进行出版活动的同时，也主动为侵华势力提供了不少帮助。尤其是在其出版的书刊中，也有不少内容颂扬美化西方文化、刻意贬低中国文化，对于中西文化交流产生了不利影响。

对于晚清传教士而言，进行著述活动，是获得作者身份和谋得更高社会地位的重要途径。依据法国学者布尔迪厄的场域理论：场域就像一个客观存在的关系网络。人类行动者（个体或组织）在这个网络中居于不同的位置。处于不同位置的人类行动者，其位置及其行为能力，由他们所具有的资本及其在场域中的客观关系决定。① 对于晚清基督新教传教士而言，基督信仰的传播和相关著作的出版，可以看作一个极为特殊的宗教场域，在此场域之中，来华从事传教事业的西方人士，身份也大不相同。相比较而言，传教士的身份较高，待遇也较好；而为传教士做辅助工作的人士，例如传教士出版机构的印刷工人，则社会地位较低（其管理者和一线印工，又有差异），待遇也相对较差。处于来华传教士形成的宗教场域中，有些地位较低，而又不安于现状者，既然谋求传教士身份不成，通过自身努力进行个人著述就成为其提升个人身份和地位，进而在此宗教场域中获得有利地位的重要途径。英国人伟烈亚力是其中最为典型者。曾经有研究者认为，伟烈亚力"是一个真正的天才，有着惊人的记忆力。在他主持墨海书馆的那些年里，他学习了法文、德文、俄文、希腊文、满文、蒙古文、维吾尔文和梵文。他研读了历史、地理、宗教、哲学、艺术和东亚的科学，在来华的传教士中，没有一个人能有他那样广博的中国文献的基础"②。不熟悉的人，还以为伟烈亚力是才高八斗、地位甚高的来华传教士。事实上，虽然伟烈亚力创作或翻译了《数学启蒙》《续几何原本》等11种中英文著作（其中中文9种，英文2种），还主编（撰写）了卓有影响的《六合丛谈》，但是这著述活动，体现的恰恰是一位身份并不高的在华宗教场域中的印刷活动管理者谋求个人身份的努力。

---

① 布尔迪厄、华康德：《反思社会学导引》，李猛、李康译，第122—123页。

② 詹姆斯·托马斯：《伟烈亚力传》，转引自邹振环：《20世纪上海翻译出版与文化变迁》，第9页。

已有的研究表明，伟烈亚力并没有受过很好的教育，在英国时，他只是一名橱柜木匠，也并非以传教士身份来华，当初只是作为英国传教出版机构墨海书馆的主管（Superintendent of the Mission Press）身份来到中国。[①] 在伟氏自撰的《1867年以前来华基督教传教士列传及著作目录》中，对于自己的介绍仅寥寥数语，不足百字，这与其对其他诸多传教士着墨甚多的描绘差别很大，亦从一个侧面证明了其出身低微。可以说，在中国勤奋著述，恰恰成为伟烈亚力证明自己的有效途径。

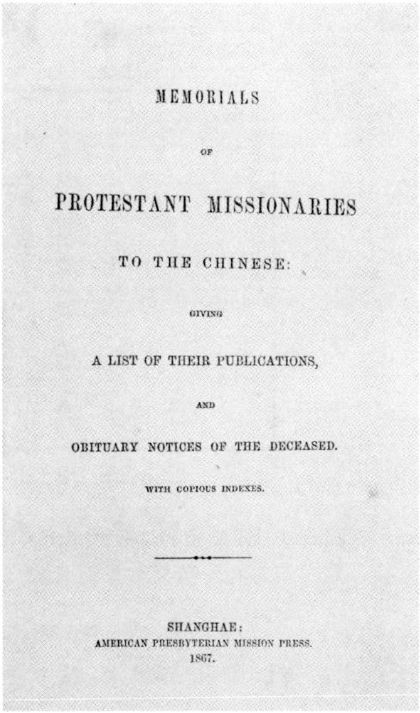

图8-3　1867年出版的伟烈亚力《1867年以前来华基督教传教士列传及著作目录》

　　另有一类著述活动，由社会地位较高、学养亦不错的传教士完成。相比而言，他们则更侧重于中西文化的交流与沟通。例如传教士合信医生编译了《西医略论》《妇婴新说》《内科新说》

---

① 关于伟烈亚力的早期经历及其在上海墨海书馆的生涯，详细内容可参见苏精:《铸以代刻：传教士与中文印刷变局》，第201—227页。

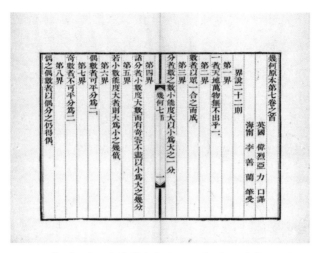

图 8-4　伟烈亚力、李善兰合作翻译了《几何原本》的后九卷，
前六卷为利玛窦与徐光启合译

以及《英汉医学词汇集》（英文）等医学著作，对于晚清西医知识的传播，起到了很大的作用。慕维廉则编译了《格物穷理问答》《地理全志》《大英国志》，为当时的中国人了解西方的科学与历史，提供了门径。麦嘉湖则编写了两部英语学习的著作《英话正音》《英字源流》，都可以作为初学英语者的入门读物。此外，还有传教士花费大量心血将中国传统典籍翻译成英文在国外出版，目的是使西方人能够通过这些著述了解中国人的思想世界，成为中外思想交流的典范。理雅各花数年之功完成的《中国经书》，就是这样的尝试。[1] 尤其值得一提的是，以往我们大

---

① 文中所提传教士著作相关信息，均参考了伟烈亚力《1867 年以前来华基督教传教士列传及著作目录》。

都注意到传教士主编的诸多期刊中，杂糅了宗教教义与西方社会科学及自然科学知识，其实，在传教士的大量宗教方面的著述中，亦有意将大量西方社科及自然科学知识置于宗教著述中，这些世俗知识，同样起到沟通中西的重要作用。

概而言之，晚清在华传教士当然是以传教为其主要目标，但是具体到传教士个体，又有所差异。不少传教士将个人著述看作其提升个人社会地位、积累文化资本、增加社会资本的重要手段，伟烈亚力就是其中代表。更有甚者，有些传教士的著述，几乎都是世俗化的知识，例如上文提到的麦嘉湖。此类著述活动，代表着晚清在华传教士作者意识的觉醒。另外一个不容忽视的方面是，在传教和著述活动中，传教士之间是有竞争的，比如 19 世纪早期马礼逊和马士曼的竞争就非常典型，而著述确实是证明自己社会地位和身份的一个有效途径。

三　资本的追求者：造字、印书以谋利

传教士从事中文出版活动，一直得到本国相关传教会组织的资金支持和帮助。但在日常的印刷出版活动中，获得资助也并非一帆风顺。尤其是当在华传教士从事某些与传教事业无关的印刷活动甚至是个人著述时，往往很难得到本国传教会的资金支持。在此种情况下，他们往往利用自身掌握的技术，通过商业活动谋求资本盈余，进而可以自主地开展各项印刷出版活动。

　　首先是造字业务。晚清传教士的造字活动有两大突破：第一是戴尔活字的使用和普及。使用中文活字进行印刷出版活动并进而促进传教活动，在马礼逊传教生涯的中后期即已展开。开始进行中文活字造字时，传教士们未必想到要盈利，仅仅是为了促进传教活动而已。但事实上，随着活字印刷技术在晚清中国的逐步扩散，造字成为制约印刷出版活动的重要环节。来自英国的传教士萨缪尔·戴尔，毕业于剑桥大学，受过良好教育，谙熟中英文，尤其对于汉字之美，有自己独到的理解和审美追求。因此他弃法国人成本低廉的部首拼合造字法而不用，致力于精美的完整中文活字的铸造，"乃造字模大小二种，……于 1854 年时在中国逝世，生前刻得字模，仅计一千八百四十五种"[1]。使戴尔活字发挥更大作用的是沃尔特·H. 麦都思。在来华传教士中，来自伦敦传教会的麦都思是极富个人魅力的一位。在去巴达维亚印刷所之前，他在伦敦已有六年的学徒生涯[2]，早已谙熟印刷业务。虽然他主持的巴达维亚印刷所曾用多种方法开展印刷出版活动，但他非常看重中文活字的发展前景。当戴尔造字遇到资金困难时，是他第一时间伸出援手，鼎力相助。戴尔逝世后，他安排人继续这一工作。使戴尔活字"在 1850 年代达到可供实用的 5000 字以后，市场规模也超越了形体不自然的李格昂拼合字，尤其在最主要的中国市场更是如此，使用者还

---

① 贺圣鼐：《三十五年来中国之印刷术》，张静庐编：《中国近现代出版史料（近代初编）》，上海书店出版社，2003 年，第 257 页。
② 苏精：《铸以代刻：传教士与中文印刷变局》，第 77 页。

扩大至传教士以外的报社、政府与民间印刷业者"①。此后，活字售卖成为麦都思印刷活动中一个不错的资金来源。第二是姜别利的电镀活字和电镀铜版。姜别利在美华书馆开发的电镀法，不仅大幅度降低了活字和铜版的成本，更为重要的是提升了造字的速度，可以在很短的时间内打造出一副足够印刷活动使用的活字。这使得美华活字很快占领了晚清中国出版业活字印刷的市场，不仅书业广泛购买美华活字，甚至是地方政府的官办印刷机构也购入了美华活字，这成为美华书馆获利的一个重要途径。

其次是印刷业务。与人们通常的想象不同，晚清传教士并非只印刷传教类书籍和个人著作，他们还承接各类在华西方商业机构的商业印刷业务。无论是麦都思在上海经营的墨海书馆，还是姜别利等人先后在宁波经营的华花圣经书房和在上海经营的美华书馆，都曾承接此项业务。世俗商业印刷业务为这些传教士印刷机构带来

图 8-5　麦都思（左一）与中国同行合作翻译完成了不少出版物

---

①　苏精：《铸以代刻：传教士与中文印刷变局》，第 106 页。

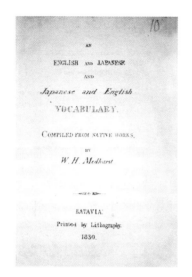

图8-6　麦都思编纂于1830年出版的《英和和英词汇》。他自巴达维亚时期跻身出版活动，并积极从事东西交通研究及著述，为后期在上海墨海书馆出色的出版实践与管理奠定了坚实基础

了可观的收益，可以看作从业者在商业方面的新尝试。当然，世俗商业印刷业务的开展，也曾引起本国传教会的不满，如宁波华花圣经书房就因此受到美国长老会的批评。

再次是企业管理和人才培养。在晚清传教士中，麦都思是精力充沛、很有活力同时也是擅长企业管理的代表人物。在他的领导下，巴达维亚印刷所取得过令人瞩目的成就，而当巴达维亚印刷所于1843年迁往上海成立墨海书馆后，墨海又成为当时经营最为成功的传教士印刷机构。苏精就认为，"墨海书馆虽是一家不以营利为宗旨的传教印刷所，但是在能干的麦都思经营下，才建立不久却已有了相当可观的利润……有办法让墨海书馆具备如此快速丰厚的获利能力，当然也强化了麦都思在管理和主导上的权威性"①。至于人才培养，其实每个传教士印刷机构都非常重视，他们为开展印刷活动，培养中国人学习活字铸造、排版和印刷。尤其是美华书馆，当他以

① 苏精：《铸以代刻：传教士与中文印刷变局》，第179页。

华花圣经书房之名在宁波开展活动时，就创办了教会学校，借此培养印刷人才；待到迁往上海，以美华书馆开展业务时，更是注重培养印刷人才。商务印书馆的几位创办人中，鲍咸昌、鲍咸恩、夏瑞芳、高凤池都曾是长老会清心堂的学生，毕业后进入美华书馆当学徒，学会了铸字、印刷与排版。当他们自觉掌握了印刷核心技术后，即离开美华书馆，合力创办了商务印书馆。[①]从企业经营的角度看，传教士出版机构培养的掌握新式印刷技术的中国人，由于薪资远远低于传教士及其雇用的来华外国印工，因此为这些在华传教士出版机构带来较大的盈利空间，对于其积累资本开展各项印刷出版活动，是大有裨益的。恰恰是同样的原因，使得传教士出版机构的中国印刷工，在掌握了印刷技术后，逐渐不满足于较低的身份和廉价的劳动报酬，抽身创办自己的现代印刷企业，成为中国民营印刷出版业的第一批创业者。

结　语

晚清传教士在中国的印刷出版活动，前后绵延近百年，是中西文化交流史和中国出版史的重要组成部分。传教士前仆后

---

① 芮哲非：《谷腾堡在上海：中国印刷资本业的发展（1876—1937）》，张志强等译，商务印书馆，2014年，第212页。

继的百年出版活动为中国出版的现代转折创造了条件：首先，
从出版品的内容方面看，晚清之前的出版品主要集中于中国文
化典籍、科举考试和通俗文学作品等图书的出版。传教士进入
中国后，在大量翻译出版宗教类图书、履行其"天职"的同时，
不仅将西方的现代科学知识引入中国，也将西方政治、社会科
学等方面的前沿著作介绍到国内。这种新知识、新思想的引入，
与致力于西方社科和科学书籍出版的，由曾国藩、李鸿章等人
创办的官书局一起，为稍后中国人自己陆续创办的新式出版机
构指明了方向，是后者有别于中国传统出版的重要标志。其次，
从出版技术层面看，是新式印刷机的引入。加拿大传播学者马
歇尔·麦克卢汉在其《理解媒介》中提出"媒介即讯息"。在他
看来，在传播活动中，新式媒介之所以重要，其作用甚至超越
"讯息"，主要在于它创造了一种全新的传播环境，而这种新环境
对人与社会的影响，是远远超过"讯息"本身的。以晚清传教士
铸字、采用新式印刷机看，他们带来的不仅仅是印刷技术，更重
要的影响在于晚清中国的知识版图大为扩展，知识传播速度亦
由此加速。这种全新传播环境为当时中国人以新的眼光看自己、
看世界提供了条件。再次，就出版业自身而言，晚清传教士出版
活动启发了中国出版业的"转型"——从家庭作坊式的传统出版
向重视管理的现代企业转化。从某种程度上看，他们为中国现
代民营出版业的出现奠定了基础。换言之，"谷登堡的延伸"为
中国知识传播实践带来的，不仅仅是一种知识复制技术，技术
本身还以"催化剂"的方式激发了中国出版业方方面面的变革，

塑造了中国知识传播的全新图景。

此外，以下三方面值得一提。第一，晚清在华传教士的文化出版活动，不仅引介了西学，还将中国传统文化典籍翻译介绍到西方，为中国文化在西方的传播和西方世界认识中国，起到极其重要的作用。例如，牛津大学首任汉学教授、传教士理雅各，1843—1873 年在中国香港和内地传教期间，翻译出版了《中国经典》（包含《论语》《大学》《中庸》《孟子》《书经》《竹书纪年》《诗经》《春秋》《左传》），1873 年返回英国后，又相继翻译出版了《中国古圣经典》（包括《书经》、《诗经》[与宗教有关的部分]、《孝经》、《易经》、《礼记》、《道德经》、《庄子》等中国典籍），在此后的百余年里，这些译作一直是学术界和文化界公认的翻译经典，多次重印，为中国文化的海外传播，贡献卓著。第二，晚清传教士出版活动虽然为中国出版的现代转型奠定了基础，尤其是提供了技术支持，但是中国出版业的真正转型，是由中国人自己创办的诸民营出版机构完成的。晚清传教士出版机构，虽然也重视技术和商业经营，但他们终非商业机构，其中有些传教士出版机构，还因经营不善而倒闭或被迫售卖。此后国人筹办的民营机构陆续创办，他们是真正以盈利为目的的商业出版机构，其发展规模和管理水平，也非传教士出版机构所能比。正是他们的发展，最终使中国出版完成了现代转折。第三，虽然很多在华传教士出于对上帝信仰的纯粹目的到中国传教、传播文化和行善，但是也有少部分在华传教士与西方殖民统治者同流合污，在开展传教等文化活动的同时，参与了一系列殖民统治者的侵略活动。例如，德国籍传教士郭实腊虽也编辑过《东西洋考每月统记传》，客观上传播了西方文化，但也刊载了大量炫耀和宣扬西方文化优越性、贬低中国文化的文章。正如有研究者所指出的，郭实腊"对外国侵华事业有着浓厚的兴趣"，而此刊"是为维护广州和澳门的外国公众利益而开办的"，刊物的内容，尤其是"对自然科学和工艺技术的宣传，更是非常明显地贯穿一种西方文化优越中国文化落后思想"。[①]此外，他还多次协助英国海军对晚清政治、外交事务进行干涉，同时，又向晚清政府高层官员散发圣经等西方典籍，综合考虑其所作所为，不免透出欧洲文化中心论的意味。以上诸方面，也是我们在考察这段历史时必须予以考量的。

[①]　宁树藩：《〈东西洋考每月统记传〉评述》，《新闻大学》1982 年第 5 期。

第九章

知识场中的关系网络:
编辑出版中的鲁迅与青年

导　言

　　四百多年前（1616 年），春寒料峭的四月，英国戏剧家威廉·莎士比亚在故乡偶染风寒，悄然离世；八十多年前（1936 年），深秋时节，中国文学家鲁迅在上海与世长辞，葬礼成为一代人的记忆。从社会影响看，二者去世时间相隔三又五分之一世纪，但他们在各自国内甚至是国际社会产生的影响均绵延不绝。若论其异殊，在笔者看来，至少在与出版业的关系上，二者迥然不同。耶鲁大学的讲习教授、当代著名的莎士比亚研究专家戴维·卡斯顿认为，莎士比亚是"剧场中人"，而非"印刷中人"："莎士比亚是剧院从业者，而非文人。"[①]"作为戏剧家的莎士比亚对印刷书没有明显的兴趣。表演是他为自己的剧作寻求的

---

① 　戴维·斯科特·卡斯顿:《莎士比亚与书》，郝田虎、冯伟译，第45页。

唯一发表方式。"①反观鲁迅，我们发现，他彻彻底底是"印刷中人""出版中人"——鲁迅书信可以为证（存世鲁迅书信中，半数以上的信件与书籍和杂志的出版有直接或间接的关系）。鲁迅生前对之恭敬、鲁迅逝世后对之大加挞伐的苏雪林在其出版于1967 年 3 月的文集《我论鲁迅》中提及，日本留学归国后，鲁迅一度"想到一个书店去当编辑员，亦被拒绝"（见于该书第一篇，完成于 1966 年 11 月 7 日，初刊于《传记文学》的《鲁迅传论》。②《鲁迅自传》写作"想在一个书店去做编译员，到底被拒绝了"③）。在当时的上海，书业的"大厂"（如商务印书馆、中华书局等），在选聘职员上，除了考虑血缘、乡缘、地缘等中国传统的人际关系网络，最为青睐的首先是留学欧美的中国留学生，其次是留学日本的留学生，最后才考虑毕业于中国高等学府的学生。即使是留学欧美日学成归国者，也很大程度上倾向于名校毕业生。鲁迅虽然曾留学日本，但并非就读名校，中途还退学更换了治学方向，且未获得文凭，这些因素当时都对他进入书

---

① 戴维·斯科特·卡斯顿：《莎士比亚与书》，郝田虎、冯伟译，第 37 页。

② 苏雪林自鲁迅去世时起，就开始撰文批判鲁迅，一直持续到她的暮年，时间跨半个多世纪。她的文字，多有不实之词，夹带了过多的个人好恶和情感色彩，但此处对鲁迅早年曾试图在书业安身立命的论述倒是事实，应该来自鲁迅于 1930 年 5 月 16 日撰写的《鲁迅自传》。苏雪林在这篇文章中，对鲁迅多有苛责之言，除了上述奚落鲁迅的语句，还有诸如论及鲁迅"阴贼、刻薄、气量偏狭、多疑善妒、复仇心坚韧强烈、领袖欲旺盛"等语。参见苏雪林：《我论鲁迅》，文星书店股份有限公司，1967 年，第 5—50 页。

③ 鲁迅：《集外集拾遗补编》，《鲁迅全集》第八卷，人民文学出版社，2005 年，第 343 页。

业谋取职位造成了障碍。在笔者看来，青年鲁迅想入出版界而不得，使其深知彼时出版作品之不易，对名不见经传的年轻人，尤其如此。因此之故，当其成名并与出版界多有往来后，即利用自办刊物和与出版界旧雨新知的关系，为一批青年的成才殚精竭虑、贡献心力，可谓一生才华，半付青年，虽蜡炬成灰，终育得桃李天下，芬芳四海。如果说，莎士比亚是独步文坛、一枝独秀，那么鲁迅则是领袖群伦、作育群英，无论当时，还是今世，这是鲁迅作为一位伟大的文学家之外，仍然为我们深深怀念的重要原因之一。在本章，我们试图探讨的是，鲁迅是如何帮助文学青年在民国时期的知识界居有一片天地的，鲁迅本人早年在知识界和文化场域中曾经有开局颇不顺遂的经历，又是什么因素使他扭转了这种局面，并有能力辅助青年人的成长，最终在民国时期的知识界做出引人注目的成就？

一　"此公颇有点尼采气"

1928 年 5 月 15 日，应陈望道之请，鲁迅赴复旦大学附属实验中学做讲演①，记录者是一位年仅二十一岁的湖南籍青年学生

① 那一年的 5 月 3 日晚间，陈望道到访鲁迅，邀请他担任复旦大学附属实验中学每周二举办的"火曜讲话"第一讲的演讲者。鲁迅日记记载："夜陈望道来约讲演。"参见鲁迅：《日记十七》，《鲁迅全集》第十六卷，人民文学出版社，2005 年，第 80 页。

徐诗荃。本月16日，徐诗荃将整理好的演讲记录稿函寄鲁迅，自此与鲁迅结识。7月17日，鲁迅日记中记载"得徐诗荃信并稿"①。这份稿件就是日后给鲁迅带来不小麻烦、署名冯珧的《谈谈复旦大学》。六天后，鲁迅即将这篇批评复旦校方"腐败"与"没落"的犀利文字刊发在其主编的《语丝》周刊（第四卷第三十期）上。虽然两个月后，《语丝》周刊发表了已从复旦毕业的潘楚基的文章《我也来谈谈复旦大学》，对徐诗荃的文章做了些许"辨正"，但徐诗荃仍然承受了较大的压力，第二年不得不远赴德国留学，而鲁迅更因此受到牵连，以致浙江省党部在其委员、复旦校友许绍棣的怂恿下，向鲁迅发出了通缉令。从鲁迅的日记看，徐诗荃与鲁迅的交往不但没有因此中断，反而愈加密切。1928年后半年中，徐诗荃至少又拜访过鲁迅四次（一次未见到）②，并致信八封、投稿两次。③徐诗荃前往德国后，遂成为鲁迅与德国乃至欧洲文艺家们的联络人——当时，鲁迅正致力于开展木刻艺术教育以及木刻书籍的刊印，前者曾受鲁迅之托，在欧洲为其购买后者所需要的木刻书籍。据许广平回忆，当时

---

① 鲁迅：《日记十七》，《鲁迅全集》第十六卷，第88页。

② 鲁迅日记记载如下：6月22日，"下午徐思荃来"；8月29日，"下午徐诗荃来，未见"；8月31日，"徐思荃来"；9月6日，"徐诗荃来"。同上，第85、93、94页。

③ 鲁迅日记记载如下：6月5日，"得徐诗荃信"；6月20日，"得徐诗荃信"；6月26日，"晚得徐诗荃信"；8月10日，"得徐思荃信"；8月30日，"上午得徐诗荃信"；9月3日，"上午得徐诗荃信"；10月16日，"得徐诗荃信并稿"；10月21日，"复徐诗荃信"，12月19日，"得徐诗荃信并稿"。同上，第84、85、86、92、93、94、98、105页。

鲁迅曾托徐诗荃带了些精美的中国画本给德国友人，但在徐回国后，鲁迅一家偶然发现当时所托付的中国画本竟然一本也没有送出，又被原封不动地带回了国内。即使如此，鲁迅也未加责怪。也许在鲁迅看来，这不过是年轻人喜爱艺术而不肯割爱或者是恶作剧罢了。当后者1932年回国后，开始以撰文和译书为生的时候，鲁迅依然尽心尽力给予扶助。

回国后，徐诗荃经常与鲁迅或面晤，或书信往还，这一时期他发表了大量文章，大都是经鲁迅的推荐而面世的。1934年1月24日，鲁迅专门致信《申报·自由谈》主编黎烈文，向其推荐徐诗荃的文字："有一友人，无派而不属于任何翼，能做短评，颇似尼采，今为绍介三则，倘能用，当能续作，但必仍由我转也。"①此后，徐的文字便常经鲁迅之手转黎烈文交《申报·自由谈》刊发。那一年的大年初四，鲁迅致信黎烈文时就提到"'古历'元旦前后，陆续寄奉'此公'短评数篇"②，当年的4月1日，鲁迅再次致信黎烈文：

> "此公"概甚雄于文，今日送来短评十篇，今先寄二分之一，余当续寄；但颇善虑，必欲我索回原稿，故希先生于排印后，陆续见还，俾使我得以交代为幸。③

① 鲁迅：《340124致黎烈文》，《鲁迅全集》第十三卷，人民文学出版社，2005年，第17页。
② 鲁迅：《340217致黎烈文》，《鲁迅全集》第十三卷，第27页。
③ 鲁迅：《340401致黎烈文》，《鲁迅全集》第十三卷，第57页。

前后两封信，鲁迅都提及"必仍由我转也"，"必欲我索回原稿"，于今看来，有些莫名其妙。许广平的回忆录对此做了专门的解释：原来徐诗荃回国后，常常疑心有人跟踪，或欲加害于他，因此，住址从不示人，鲁迅也不知晓。而投稿文章，虽然鲁迅早已联系好黎烈文，他径直寄送便可以的，但因为他的疑心，每一篇文章都必须经鲁迅之手转了去。后来甚至要求鲁迅必须设法将其原稿抄录一遍，寄送副本给黎烈文。许广平和鲁迅本人曾多次为其抄录文稿，徐诗荃还不断要求更换抄录者。在 3 月 4 日写给黎烈文的信中，鲁迅谈到：

> "此公"脾气颇不平常，不许我以原稿径寄，其实又有什么关系，而今则需人抄录，既费力，又费时，忙时殊以为苦。不知馆中有人抄写否？倘有，则以抄本付排，而以原稿还我，我又可以还"此公"。①

这一年的 4 月 16 日，鲁迅为了徐诗荃的文章，还致信与周氏兄弟交往频密、当时正在与林语堂一道编辑《人世间》的陶亢德：

> 有一个相识者持一卷文稿来，要我寻一发表之地，我觉得《人世间》后者相宜，顷已托书店直接寄去。……如不合

---

① 鲁迅：《340304 致黎烈文》，《鲁迅全集》第十三卷，第 35 页。

用，则对于先生，有一件特别的请托，就是从速寄还我，以便交代。[①]

5月5日，鲁迅再致陶亢德的信中，再次提及：

> 《泥沙杂拾》之作者，实则以种种笔名，在《自由谈》上投稿，为一部分疑是拙作之人，然文稿则确皆由我转寄。……今手头但有杂感三篇……今姑奉寄，可用则用，太触目处删少许亦不妨，不则仍希掷还为荷。[②]

这里的《泥沙杂拾》的作者仍是徐诗荃。其实，鲁迅托付陶亢德的，依然和此前一样，就是尽可能促成徐诗荃文章的发表，若不成，也既可能满足他的愿望，不厌其烦地"经由鲁迅"，将原稿退还给徐诗荃。

可以说，为了徐诗荃文章的发表，鲁迅苦心孤诣，到了不厌其烦的地步。从当时鲁迅自己的处境看，作为社会名流的他，日常应酬往来频密，来自各方的到访与书信交往繁多，但他仍抽出时间，尽可能对徐诗荃的文章发表和个人要求给予满足。至于这么做的原因，正如许广平在回忆录中所说的："这因为凡有可造之才，不忍其埋没；且其人颇深世故，能言人所未言；孑然

---

① 鲁迅：《340416 致陶亢德》，《鲁迅全集》第十三卷，第 79 页。
② 鲁迅：《340505 致陶亢德》，《鲁迅全集》第十三卷，第 92 页。

介立，还不失其纯洁。若或稍加移易，积极为人，即社会的栋梁，故不惜辛勤设法，并非特有所私。"[①]此语可谓一语中的。虽然在常人看来，青年徐诗荃身上有这样那样的毛病甚至是"怪癖"，但鲁迅不以为意，看重他的才华和对社会未来发展可能做出的贡献，于是设身处地多方帮助。在后期徐诗荃译作的出版上，鲁迅对青年徐诗荃的期许以及乐于扶助青年的精神更显现得淋漓尽致。

大约 1934 年下半年，徐诗荃完成了《尼采自传》的翻译，托鲁迅找合适的出版社出版此书。这一年的年底（12 月 12 日），鲁迅致信在良友出版公司任职的赵家璧：

> 那一本《尼采自传》今送上。约计字数，不到六万。用中等大的本子，四号字印起来，也不过二百面左右。
>
> 假如要印的话，则——
>
> 一、译者以为书中紧要字句，每字间当距离较远，但此在欧文则可，施之汉文，是不好看的（也不清楚，难以醒目）。所以我给他改为旁加黑点。但如用黑体字或宋体字，似亦佳。
>
> 二、圈点不如改在字旁，因为四号字而标点各占一格，即令人看去觉得散漫。

---

① 许广平：《许广平忆鲁迅》，广东人民出版社，1979 年，第 244 页。

三、前面可插一作者像，此像我有，可以借照。

四、译者说是愿意自己校对，不过我觉得不大妥，因为他不明白印刷情形，有些意见是未必能照办的。所以不如由我校对，比较的便当。但如先生愿意结识天下各种古怪之英雄，那我也可以由他自己出马。[①]

从这封信中，我们可以看出，鲁迅以编辑家的眼光，已经对《尼采自传》做了初步的编辑整理，同时，对于未来的校对工作，也从爱护译者和更专业的编校的角度，主动愿意承担更多的工作。此后，为了《尼采自传》出版，鲁迅在该书出版前，又五次致信赵家璧，商谈如何为译者出好这本书。尤其值得一提的是，在此过程中，鲁迅充分考虑青年徐诗荃的感受，处处为其设想，例如，在1934年12月25日给赵家璧的信中就提及：

但我看最好是能够给他独立出版，因为此公颇有点尼采气，不喜欢混入任何"丛"中，销路多少，倒在所不问。[②]

事实上证明，这本译作的出版，鲁迅花费的心血，一点也不比推荐徐诗荃的文章给报纸少；而在此书后续的出版过程中，果然是鲁迅承担了校对工作，原因无他，因为鲁迅也找不

---

① 鲁迅：《341212 致赵家璧》，《鲁迅全集》第十三卷，第 291—292 页。
② 鲁迅：《341225 致赵家璧》，《鲁迅全集》第十三卷，第 311 页。

到徐诗荃（他和鲁迅一直是"单线联系"，鲁迅从无知晓他的住处）！

这位徐诗荃，就是 20 世纪 70 年代末自印度归国后名满学界的梵澄先生。

二　垫资为青年出书

鲁迅老友许寿裳曾言，鲁迅的"富于友爱，也是常人所不能及的，最肯帮人的忙，济人的急，尤其是对于青年，体贴无微不至"[①]。1925 年 5 月 8 日，鲁迅在写给身在河南、正在编辑《豫报副刊》的青年朋友吕琦、向培良的信中说："倘若一定要问我青年应当向怎样的目标，那么，我只可以说出我为别人设计的话，就是：一要生存，二要温饱，三要发展。"[②]事实上，鲁迅在与青年的交往中，通过自己的编辑出版工作，时时关心青年人的"生存、温饱和发展"。济人之急、帮人之困，贯穿了他的一生。他曾为李霁野等人筹备学费，亦曾为孙伏园的去职（《晨报副刊》）而筹办新刊（《语丝》周刊）。他更曾为两位青年处女作的出版而担负出版费和版税。

---

① 许寿裳：《我所认识的鲁迅》，人民文学出版社，1979 年，第 37 页。
② 鲁迅：《华盖集》，《鲁迅全集》第三卷，人民文学出版社，2005 年，第 54 页。

（一）从邮局职员到翻译家

在鲁迅关爱的青年人中，有两位先生系邮局职员出身：其一是曾在上海邮局工作，后来名满天下的著名现当代文学专家、藏书家唐弢；其二是曾任职于杭州邮局，后成为知名翻译家、鲁迅专家的孙用。

1927—1933 年，鲁迅致信孙用十四封，或为其译作发表进行帮助和指点，或为其译作出版作序、推荐，其热心周到，令人感慨。1929 年上半年不到半年的时间里（2—7 月），孙用已经在鲁迅主编的《奔流》上发表了六七篇译作，这些作品大都是俄国或者东欧名家的诗作和散文，原作既佳，译文又好，遂引起鲁迅对这位未曾谋面的邮局青年的极大好感，不仅对其多加鼓励，尽量为其译作发表提供契机，还谋划着为其刊发更多的作品。这年 9 月，孙用将自己通过世界语版本翻译的匈牙利著名诗人裴多菲的长诗《勇敢的约翰》转经北新书局寄给了鲁迅。11月 6 日，鲁迅收到从北新书局送达的译稿，两天后即复信给孙用，表达了自己对这部译作的喜爱之情，并表示要找地方出版单行本：

> 译文极好，可以诵读，但于《奔流》不宜，因为《奔流》也有停滞现象，以后能否月出一册，殊不可知，所以分登起来，不知何时才毕……作者是匈牙利大诗人，译文又好，我想设法印一单行本，约印一千，托一书局经销，版税可得定

价之百分之二十（但于售后才能收），不知先生以为可否？
乞示。倘以为可，请将原译本并图寄下，如作一传，尤好
（不知译本卷首有传否？），当即为张罗出版也。①

　　但事与愿违，即使鲁迅这般在文坛地位显赫、在出版界交
友又不算不广的人，张罗《勇敢的约翰》出版的过程也颇为曲折
和不易，先后花去了整整两年的时间。依照鲁迅自己的记载，他
曾经联系过与自己关系较为密切的年轻友人张友松主持的春潮
书局，后者起初表示愿意出版此书，但很快就变得"态度颇不热
心"。在此期间，鲁迅还联系过《小说月报》《学生杂志》，可二
者都虚与委蛇，"大打官腔"，也没有成功。在联络书店的过程中，
好像也有出版社有意出版这部译作，但鲁迅向译者表示：

　　　自然，倘一任书坊用粗纸印刷，那是有出版之处的，但
我不答应如此。
　　　书坊专为牟利，是不好的，这能使中国没有好书。我现
已筹定款项，决于本月由个人付印一千部。那十二张壁画，
不得已只好用单色铜版（因经济关系），书中空白之处，仍
想将世界语本中之三个插画印上，所以仍请即行寄下，以备
制图为荷。②

---

① 鲁迅：《291108 致孙用》，《鲁迅全集》第十二卷，人民文学出版社，2005 年，
第 212—213 页。
② 鲁迅：《310504 致孙用》，《鲁迅全集》第十二卷，第 263—264 页。

在他看来，这么优秀的作品和精彩的译文，非要认真其事，才能对得起作者和译者。上述引文，是鲁迅 1931 年 5 月 4 日致孙用的信。可见，在近两年的时间里，鲁迅为出版孙用的书，曾多方设法，其间也曾多次遭遇挫折，以至于他说："上海文坛寂寥，书坊势利，杭州消息不灵，想不深知，但说起来太烦，恕不多谈了。"① 但他终究还是看重孙用的才气，也嘉许其不懈努力的精神。其实，早在 1930 年 9 月 3 日给孙用的信中，为鼓励年轻的译者，鲁迅就已经表示说要自印此书："先生的译文是很费力的，为赌气起见，想自行设法，印一千部给大家看看。"② 原因在于，与鲁迅一向关系不错的北新书局与他关系"日渐疏远"，春潮书局原本有意出版，后来又变了卦，上海书局做事也很不牢靠。后来，为了有更精美的插图，还托已经在德国的朋友（应是徐诗荃）设法购买匈牙利的插画本。

在鲁迅的努力下，宣侠父主持的湖风书局最终接受了这部书稿。因湖风书局规模有限，营业资本薄弱，为了使这本书印得漂亮，鲁迅自费印刷了这部书中的 12 幅插图和作者像。因当时的书局大都是在作品售罄之后才给作者结算版税，鲁迅深感此举于译者不公，遂将书局归还的此前垫付的插图印资 70 元寄给了孙用。后来孙用成为知名的翻译家和鲁迅作品研究专家，恐怕与鲁迅当年的帮助密不可分。

---

① 鲁迅：《310504 致孙用》，《鲁迅全集》第十二卷，第 263 页。

② 鲁迅：《300903 致孙用》，《鲁迅全集》第十二卷，第 241 页。

（二）许钦文的成名作

1920年冬，在故乡绍兴五师附小教书的许钦文辞去教职，只身来到北京，一边在北京大学做旁听生，一边创作些作品，向孙伏园的《晨报副刊》投稿。因孙伏园是鲁迅早年学生，且过从甚密。后来鲁迅从报纸上看到许钦文的名字，通过孙伏园的介绍而与之相识。

通过交往和阅读许钦文的文字，鲁迅非常看好他的文学才华。大约1923年中，鲁迅在许钦文不知情的情况下收集、整理、编校了他几年来发表的小说，结为一集，取名《故乡》。1924年1月11日，在致孙伏园的信中，鲁迅对许钦文的小说给予了评价：

> 钦文兄小说已看过两遍，以写学生社会者为最好，村乡生活者次之；写工人两篇，则近于失败。如加淘汰，可存二十六七篇，更严则可存二十三四篇。现在先存廿七篇，兄可先交给起孟，问起可收入《文艺丛书》否？而于阴历年底取回交我，我可于是后再加订正之。总之此集决可出版，无论收入与否。但须小加整理而已。①

据许钦文自己回忆，鲁迅经常通过孙伏园，对他的创作给予评点和指引："鲁迅先生关心一个无名作者，叫孙伏园带口信，

---

① 鲁迅：《240111 致孙伏园》，《鲁迅全集》第十一卷，人民文学出版社，2005年，第444页。

批评我的作品，不断帮助我，给我看稿，改稿，介绍稿子，搜集我已发表了作品编成《故乡》，又校对稿子，直到垫钱出版……这还只是一个开端。"[1] 许的这部小说集《故乡》，从鲁迅初步收集、整理到最终出版，前后有两年时光。两年里，鲁迅不时关注许钦文的创作，及时调整小说集的篇目。1925 年 9 月 30 日，鲁迅在写给许钦文本人的信中提到"《故乡》稿已交去，选而又选，存卅一篇，大约有三百页"[2]。这个三百页的小说稿，是鲁迅在极其艰难的环境中完成的——许钦文通过其四妹转述得知，《故乡》排好版后，鲁迅先生替他校对书稿，恰恰是鲁迅"避难医院木匠房睡地面的时候"[3]。为了更加圆满地呈现一位青年作家的处女作，鲁迅花费的心血由此可见一斑。

到北新书局最终接受此书稿，准备出版时，鲁迅又做了两件事：其一，将其纳入《乌合丛书》之二出版，而丛书的第一种乃是鲁迅自己的《呐喊》。首出作品，即与文坛领袖人物"同台"，恐怕这是年轻的许钦文想也没有想过的。不仅如此，这套书后来还收入了青年作家高长虹的《心的探索》、向培良的《飘渺的梦及其他》、冯沅君的《卷葹》，鲁迅后来又将自己的《彷徨》《野草》等纳入其中，以此扩大丛书的社会关注度。可以说，为了青年作家的成长和成名，鲁迅真是俯首为牛、甘为人梯。其

---

① 钦文：《〈鲁迅日记〉中的我》，浙江人民出版社，1979 年，第 6 页。

② 鲁迅：《250930 致许钦文》，《鲁迅全集》第十一卷，第 516 页。

③ 钦文：《〈鲁迅日记〉中的我》，第 4 页。

二，鲁迅想将此书印制精良些，考虑到许钦文当时仍是籍籍无名的青年作家，唯恐北新书局的李小峰为难，就和书局商定，将《呐喊》的版税垫付作为《故乡》的印刷费。

在鲁迅的帮助下，年轻的许钦文凭借《故乡》一举成名，不仅奠定了在文坛的地位，也大大改善了个人窘迫的生活环境。

三　为后进指引人生

虽然年轻的许钦文凭借《故乡》一举成名，但是在其初入北京、身无分文而困窘万分的时候，曾经对生活和写作充满困惑。在这种情况下，又是鲁迅伸出援手，给予指引。

1924 年 5 月 30 日的下午，鲁迅在北京大学上完课，邀请许钦文到中央公园附近的来今雨轩喝茶。鲁迅和许钦文一边喝茶，一边拉家常般地向后者谈起自己当年的留学往事：当年曾经多次向商务印书馆投稿，亦多次被拒，甚至还收到过"以后不必再投稿"的婉辞信，当时也一度灰心丧气。但对写作的热爱，使自己坚持下来，继续不断地写，一如既往地投稿，后来不仅商务印书馆出版了自己的作品，而且还陆续出版了其他几本书。多年后，许钦文忆及此事，仍然感动不已。那段时间，鲁迅帮忙将他的两篇稿子寄往上海商务印书馆，结果一篇录用，另一篇被退回。鲁迅担心许钦文因此气馁，因此特意请其喝茶并现身说法。据许钦文回忆，那次见面时，鲁迅还语重心长地指导他如何写稿："我们写文章投稿的，要多用一番功夫，要写得能够通过编者的眼睛，实际上也要不使他们太为难。否则发表不出去，不就是白写了么？"①

　　其实接受过鲁迅指导的青年，所在多多。青年萧军、萧红初到上海的时候，也曾得到鲁迅的多方面帮助。1934年11月，萧军、萧红从青岛甫到上海，人生地不熟，经济上也捉襟见肘。据萧军回忆：

　　　　我们到了上海后，全部现金只剩下十八元五角钱。租下了一间亭子间用去了九元；买了一袋面粉和炉、炭、盆、碗……之类，所余就无多了。……经过了苦心焦虑，在这样万难的情况下，实在再无法可施……也只好"腆颜"写信给鲁迅先生，向他借二十元！②

　　其实，作为著名文学家的鲁迅，那时的经济收入也不稳定。1927年，他初到上海时，因蔡元培好意曾接受教育部"特约撰述员"的薪水，每月300元，生活用度较为宽裕。但是，1931年，教育部部长易人，他的"特约撰述员"被取消后，家庭开支就依赖"卖文为生"了。对于鲁迅而言，由于他的文字在发表时，常常遭遇意想不到的审查，而其著作的出版，也会以种种理由被

① 钦文：《〈鲁迅日记〉中的我》，第32页。
② 萧军：《鲁迅给萧军萧红信简注释录》，金城出版社、西苑出版社，2011年，第48页。

查禁。他的经济来源有时也很不稳定。但对于从东北而来的两位青年，他不仅伸出了援助之手，还在给"二萧"的回信中安慰对方：

> 来信上说到用我这里拿去的钱时，觉得刺痛，这是不必要的。我固然不收一个俄国的卢布，日本的金圆，但因出版界上的资格关系，稿费总比青年作家来得容易，里面并没有青年作家的稿费那样的汗水的——用用毫不要紧。[①]

除了周济金钱，鲁迅还为萧军的《八月的乡村》、萧红的《生死场》校阅稿件、作序并为其出版奔走。鲁迅1934—1936年的日记和书信中，特别是1935年的书信与日记中，有不少为"二萧"小说校阅和联系出版的记载。由于年轻作家的作品出版困难，在多方联系未果的情况下，鲁迅"自创"了"奴隶社"，推出了"奴隶丛书"，除上述"二萧"的上述小说外，还收入了青年作家叶紫的《丰收》。[②]此外，在鲁迅的提议和帮助下，萧军的短篇小说集《羊》也于1936年1月由文化生活出版社收入《文学丛刊》中出版。

在社会生活方面，鲁迅更是曾多次写信给予指导。希望他们这两个东北年轻人，能够尽快了解南方和上海的风土人情，

---

① 鲁迅：《341206致萧军、萧红》，《鲁迅全集》第十三卷，第280页。

② 吴中杰：《鲁迅与出版界》，商务印书馆，2019年，第76页；丸尾常喜：《明暗之间：鲁迅传》，陈青庆译，上海人民出版社，2021年，第251—252页。

尽早适应上海的生活。在和"二萧"通信近 20 封后，双方渐渐熟识，在 1935 年 3 月 13 日致萧军、萧红的信中，鲁迅便很直接地在信中和"二萧"谈起他们的"野气"来：

> 由我看来，大约北人爽直，而失之粗，南人文雅，而失之伪。粗自然比伪好。……这"野气"要不要故意改它呢？我看不要故意改。但如上海住的久了，受环境的影响，是略略会有些变化的，除非不和社会接触。但是，装假固然不好，处处坦白，也不成，这要看是什么时候。……所谓文坛，其实也如此……鬼魅多得很，不过这些人，你还没有遇见，如果遇见，是要提防，不能赤膊的。①

这一年的 4 月 12 日，在致萧军的信中，谈及创作时，鲁迅写道：

> 一个作者，"自卑"固然不好，"自负"也不好的，容易停滞。我想，顶好是不要自馁，总是干；但也不可自满，仍旧总是用功。②

这些指点，对"二萧"走向文坛并扎根下来，产生了积极

---

① 鲁迅：《350313 致萧军、萧红》，《鲁迅全集》第十三卷，第 407—408 页。
② 鲁迅：《350412 致萧军》，《鲁迅全集》第十三卷，第 439 页。

的影响。回顾鲁迅的书信和日记，萧军和萧红是他往年最重要
的通信对象之一，也是联系最为紧密的青年朋友之一。在短短
两年多的时间里，他们之间的通信，有53封之多，主要集中在
1935年。除了少量的通信集中于朋友会面、生活琐事、文章发
表、书籍出版等事务性内容，鲁迅写给"二萧"的多封信件，就
像上述引用信件一样，常常以长者和定居上海经年的人的身份，
对他们的社会生活、结交朋友等给予悉心指点。如果考虑到晚
年的鲁迅身体已经大不如前，各方的文债和应酬往来依然频密，
却仍然花费心血对"二萧"以切实的帮助，这种行为本身就更值
得称道。萧军在晚年的回忆中曾说，鲁迅对于他们的去信，通常
是收到即复，他们往往能够在信寄出的次日或者隔天就能收到
鲁迅的回信。这些信件往往篇幅很长，也有很多家庭生活等方
面的较为私人化的话题，异于鲁迅写给其他人的主要为文字刊
布的事务性信简。

　　无论对于许钦文，还是对于萧军、萧红，尤其是对"二萧"，
鲁迅的信往往长于平时数倍，从创作到人生，可谓语重心长、言
无不尽，对远离家乡身在异乡谋发展的懵懂年轻人的关爱跃然
纸上，于今读来仍令人动容。

　　就连与鲁迅关系算不上非常密切、交往一般且被鲁迅看作
林语堂一派（"林门的颜曾"）的作家徐訏在见到苏雪林大动肝火
对鲁迅横加指责的时候，也撰文指出："鲁迅不是我的偶像，我
也不赞同他的思想；但他是我所敬佩的作家……我对于鲁迅的
印象就是他对人的慷慨和没有架子。……再者，即是鲁迅对贫苦

青年作家的慷慨支援。"①

　　如果说，许钦文与鲁迅有同乡之谊，萧军、萧红等与鲁迅秉性相契，都可以看作鲁迅对他们给予热心相助的理由，那么，孙用却是鲁迅不曾相识的陌生人，而徐訏更是虽与鲁迅相熟却性情不同、价值观念亦有较大差异的人，但他们都对鲁迅对青年人的慷慨，留下难以磨灭的印象。特别是徐訏，在鲁迅故去三十年，依然对鲁迅对人"没有架子""对贫苦青年作家的慷慨支援"念念不忘。这些无不证明，作为知识界领袖人物的鲁迅，确实为诸多青年人在知识界的立足付出了莫大的心血，提供了无私的帮助。

结　语

　　纵观中外从事编辑出版工作的人，大致可分为三种：一是为名者（所谓富人、阔人，也喜欢文化，但是游戏心态、玩闹的成分重些）；一是为利者（绝大部分出版商均在此列，所谓在商言商）；一是为书（文化）本身者（少之又少，不是商人，不为谋利；于名声，或者不求，或者早已名声在外）。鲁迅正是这少之又少的编辑出版人中的一员，他出书，是因为喜欢；他帮助青年出书，亦是为了文化本身。因为在他眼里，青年是文化的未来，是中国的希望；有了青年，就有了希望。这也许是他无私地

---

① 吴蓉：《从与鲁迅的忘年交看徐訏》，《博览群书》2011 年第 6 期。

将个人生命中的相当一部分时间拿出来，为青年成长而尽心尽力的重要原因。

事实是，鲁迅早年一踏入知识界，就迎头一棒遭遇了挫折。1909年，鲁迅与周作人合作翻译了《域外小说集》第一、二册，虽然翻译得很用心，但两书均销售惨淡："在东京，第一册售出21本，第二册售出20本，据说上海的情况也大致类似。第一册之所以多卖一本，是因为许寿裳为了确认书店是否按定价销售，自己试着买了一本。第三册以及之后的出版计划最终化为泡影。"① 究其原因，可能最主要的还是《域外小说集》采用了文言直译的方式，这和当时知识界对知识传播的表现形式是不太契合的，特别是青年知识群体，对于白话文已表现出热情。但周氏兄弟在留学日本期间，曾从章太炎习旧学，翻译小说也就很自然地选择了文言这一雅驯的"士大夫语言"，却遭遇了意想不到的打击。鲁迅也因此陷入长时间的"寂寞"之中。②

回国后的任教特别是在北京高校的任教，以及章门同门钱玄同邀约为《新青年》撰稿，使鲁迅在短时间内迅速认识到，文言的时代已经远去了，白话文的列车已经极速驶入新知识界。他参与《新青年》知识群体的文化改良，改用白话文创作文学作品，一跃而成为知识界新起的耀眼人物。至20世纪20年代，已在知识界稳稳站住了脚跟。"由于《狂人日记》等一系列小说，

① 丸尾常喜:《明暗之间:鲁迅传》，陈青庆译，第101页。
② 同上，第129页。

尤其是《阿 Q 正传》的陆续发表，他更引起北京、上海等地读者的广泛关注，《狂人日记》甚至被选进小学的国文课本。"[①] 李长之也在自己的作品中回忆道，当他是个中学生的时候，已经开始接触并阅读鲁迅的作品。[②] 杨苡的回忆录亦表明，鲁迅已成为当时青少年心目中的文化英雄，鲁迅作品也是当时青少年广泛阅读的作品。[③] 这种转变之所以发生，其根源在于，从文学作品这种特殊知识的表现形式上，鲁迅认识到白话文已成为新知识群体特别是青年人接受知识的主要形态，由此改用白话进行创作；从其文本的内容层面看，其作品常常能够切中文化市场中读者对象特别关注的社会问题，容易引发共鸣。

这种转向，使鲁迅在当时的知识界迅速崛起，成为知识网络中拥有较大话语权的知识生产者和组织者。作为知识生产者的鲁迅，其小说创作和杂文创作，一直受到出版界的关注，不仅是知名大报副刊的"常客"，而且也被新兴出版者如北新书局、良友图书印刷公司、文化生活出版社等青睐。他的作品更是在读者中产生巨大影响，即使是进入其思想世界有相当大难度的中学生，也有不少人是鲁迅的拥趸。虽然有时候他的作品出于种种原因被出版界婉拒（常常是大型出版机构，鲁迅在日记中对于当时在知识界、文化界卓有影响且经营非常出色的书局、图书公司，常常做出非常负面的评价，认为它们只是为谋利而存），但他因此

---

① 王晓明：《无法直面的人生：鲁迅传》，上海文艺出版社，2001 年，第 63 页。

② 李长之：《鲁迅批判》，北京出版社，2003 年，第 163 页。

③ 杨苡：《一百年，许多人，许多事》，译林出版社，2023 年，第 147 页。

而设立各种"出版虚体机构"，自费印行了不少自己的作品或翻译著作，仍然在知识界引起较大反响。作为知识生产组织者的鲁迅，所做的工作，与其作为知识生产者相比，也毫不逊色。鲁迅的日记和书信中，有大量的记载是关于他联系知识界各方人士特别是青年，帮助或促成他们作品的发表或印行的内容。

作为知识生产者和知识组织者，鲁迅之所以能够取得不凡的成就，这和他通过持续的文化实践形塑出与众不同的文化符号和象征资本密不可分。符号，是人们赋予事物、事件或行动意义的重要形式。从某种程度上讲，人类的知识生产和传播活动，就是运用符号进行文化实践的过程。问题在于，在一个文化场域之中，凭借符号进行文化实践的个体与群体众多，这就涉及符号竞争。个体与群体若想在符号竞争中获得有利地位，必须在与文化场域诸行为方的联结中取得认可并受到他们的支持。认可与支持的获得，最终又与个体或群体对符号的使用密不可分。具体而言，具体作品的具体符号的使用要能够切中时代的问题与话题，还要在此基础上，将这些具体作品呈现出的意义再凝聚成一个鲜明的总的符号。纵观鲁迅一生的文化实践，他无疑非常适恰地将自己以及自己的文学创作、文化活动形塑成当时独树一帜的文化符号。当然，这个文化符号随着时代演变而有所变化，从对旧文化的态度，到对国民精神的认识，再到抗战中文学书写的价值追求等，鲁迅的文化符号既是与时代同行，同时也在不断丰富"鲁迅"这个文化符号的内涵。文化符号的作用之一，是使它的拥有者在文化场域中获得象征资本。依约翰·汤普森的看法，"象征资本"是"某些个人或机构不断积累起来的声望、认可和尊重"①。鲁迅的文学创作、他和出版界的交往以及他对社会活动的深度介入，不仅使他个人在知识界累积了一般知识人难以企及的声望，尤为重要的是，他通过文学创作和杂文创作与重要时代议题的互动，更使得他获得中国社会乃至域外国家与地区的尊重与认可。如此种种，令鲁迅成为那个时代的舆论领袖和民族精神的象征。这些象征资本的累积，进而让他在知识界拥有更多的话语权，可以使他自己的文化实践即使遭遇偶尔挫折，仍能够引起知识界的关注，获得社会层面的支持；更进一步，他还可以利用自身所具有的象征资本，为青年人的成长提供富有成效的帮助。

　　鲁迅自己的文化实践以及他对青年人文学创作的有效支持，源自他清楚地认识到作为"印刷中人"，如何与知识界的诸行动者进行互动和协商，如何利用自己的象征资本支持处于弱势的青年（正如他给萧军信中所说，自己"因出版界上的资格关系，稿费总比青年作家来得容易，里面并没有青年作家的稿费那样的汗水的"，这不仅仅是客气话，从一个侧面也说明了鲁迅对自己在知识界的地位有清晰的认识和判断）。与莎士比亚有意"远离"印刷商不同，鲁迅始终与出版商保持密切的联系，因为他知道，在20世纪初，这个印刷时代塑造的全新媒介环境中，做个"印刷中人""出版中人"是任何一个写作者必须要采取的文化行动。

---

① 　约翰·B.汤普森:《文化商人：21世纪的出版业》，张志强等译，第6页。

第十章

媒以达通：
媒介学视野下的"金庸传奇"

引　言

　　在研究者看来，金庸无疑是 20 世纪中国文化一个值得深入探讨的独特对象。红学家冯其庸、中国现代文学研究者朱寿桐不约而同将金庸看作"当代文化的一个奇迹"[1]，陈平原也曾感慨："一个武侠小说家，不只是娱乐大众，而且可以引导社会舆论，在金庸奇迹出现以前，实在不能想象。"[2] 汉学家葛浩文则认为："金庸小说是一个巨大的文学之谜，我相信，这个谜已构成一个挑战，所有中国当代文学研究者已经不能拒绝面对这一极其重

①　鉴春:《金庸:从大众读者走进学术讲坛——杭州大学金庸学术研讨会综述》，《杭州大学学报（哲学社会科学版）》1997 年第 4 期。
②　陈平原:《超越"雅俗"——金庸的成功及武侠小说的出路》,《当代作家评论》1998 年第 5 期。

要的文学现象。"^①更早些时候，严家炎已将金庸小说称为"20世纪中华文化的一个奇迹""本世纪中华文化的一个巨大的谜"^②。还有研究者以小说入手又超出小说范围，将金庸看作重要的"文化现象"^③，探讨其具有的"某种典范的意义"^④，就连经济学家张五常都认为，"说金庸作品畅销，不大正确。金庸是一个现象"^⑤。

笔者将金庸及其文化现象称之为"金庸传奇"，其含义有二：第一，金庸以报人为志业，身兼小说家、政治活动家、社会活动家、学人，集多元身份于一体，在20世纪60年代之后的中国新闻、政治、国际关系、文化、学术诸领域留下浓重印痕，20世纪中国文化人中，罕有匹敌者。《大公报》老报人、文化名家罗孚早就指出："在港、台文人的笔下，在军界、政界、教育界、文化界……之外，有所谓'名气界'，金庸是'名气界'中的名人。"^⑥事实上，金庸是联通上述诸"界"且在各界均有一定影响的文化人。第二，以小说之媒，打破"庙堂"与"江湖"、"精英"与"大众"之界限，既成"大众文化"之膜拜偶像，又成"学术精英"

---

① 林兴宅：《多维视野中的金庸小说——〈金庸小说与20世纪中国文学〉国际学术研讨会小记》，《粤海风》1998年第3期。

② 严家炎：《一场静悄悄的文学革命——在查良镛获北京大学名誉教授仪式上的贺辞》，《明报月刊》1994年第12期。

③ 李瑞山：《金庸现象的文化意义》，《南开学报（哲学社会科学版）》2001年第5期。

④ 陈洪、孙勇进：《世纪回首：关于金庸作品经典化及其他》，《南开学报（哲学社会科学版）》1999年第6期。

⑤ 张五常：《我也看金庸》，《书城》2000年第1期。

⑥ 柳苏：《金色的金庸》，《读书》1988年第2期。

之研究对象，其作品"穿越"不同社会阶层，传播空间广、持续时间久，成为文化界的独特现象。2000 年，知名文史学者骆玉明编选"近二十年文化热点人物"，选了九位当代中国文化界影响深远、声名显赫者，金庸名列其中。他还以一位"金迷"的身份指出，"也许，汉语作品，除毛泽东之外，就数金庸耗费纸张最多了"[①]。在全国国民阅读和购买倾向调查"最受读者喜爱中国作家"排名中，2005、2008、2010 年，金庸均名列榜首，1999、2001、2011、2012 年，名列第二；2020 年 4 月，阿里巴巴旗下数字阅读平台"书旗"发布的该平台 2019 年电子书阅读数据表明，金庸仍然是最受青睐的作者。2018 年 2 月，金庸作品《射雕英雄传》英文版第一部《英雄诞生》(*A Hero Born: Legends of the Condor Heroes*) 由英国麦克洛霍斯 (MacLehose) 出版社推出后，一个月内重印八次，2019 年 1 月，第二部《未竟之约》(*A Bond Undone*) 出版后，同样受读者喜爱。2019 年 9 月，《英雄诞生》美国版由麦克米伦出版集团旗下著名的圣马丁出版公司 (St. Martin's Press) 推出。与此同时，芬兰、匈牙利和葡萄牙等不同语言版本业已出版，德国、意大利、西班牙、罗马尼亚、波兰、巴西语版即将陆续推出。[②]金庸不仅在社会大众中卓有影响，还成为学术研究的热点。据中国知网的数据，2001—2019 年，将中国现当代作家及其作品为研究对象的硕博士论文，以鲁迅为题者最多

---

① 骆玉明：《近二十年文化热点人物述评》，复旦大学出版社，2003 年，第 320 页。

② 徐雪英、张菁：《从金庸〈射雕英雄传〉英译看中国文化如何走向世界》，《浙江学刊》2020 年第 3 期。

（1224篇），以下分别是张爱玲（607篇）、沈从文（501篇）、老舍（303篇）、汪曾祺（207篇）、金庸（152篇）、巴金（137篇）、曹禺（128篇）、郭沫若（123篇）、茅盾（105篇）、钱锺书（93篇）。从受关注程度看，金庸或许不是最多的，但他作品受众的广度，恐怕其他作家难以企及。从武侠小说自身看，与金庸齐名的古龙和梁羽生，以他们为题的硕博士论文分别为14篇和4篇，在学术界的影响远远不及金庸。

无论是"巨大的谜"，还是"文化奇迹"，抑或是"文化现象""金庸传奇"，这一切究竟是如何成就的？不同形态的媒介在其中起到何种作用？这些媒介之间又是如何互动与联结，共同促成了这一现象的发生并持续存在？

一 金庸何以成为金庸

学术界对金庸的理论研究由来已久，中国内地的探讨始于20世纪80年代末90年代初，海外的研究更早些。大致来看，学术界对金庸及其成为"奇迹""现象""传奇"的研究主要从以下层面展开。

第一，从文学及文学史视角分析金庸小说独有之价值，间以论定金庸在武侠小说史上的典范意义与巅峰地位。有研究者将金庸小说放入20世纪文学史脉络中加以考察，如严家炎、钱理群等学者认为金庸小说的成功，在于他善于运用中西文学经验改造通俗文学，实现了旧式武侠小说向现代通俗文学的现代化转变。^① 在陈墨看来，金庸小说因"充满了个人的人文情怀、乡土的文化依恋、现代的人生感受及对传统的深刻反思"，对 20 世纪中国文学有"独特贡献"，也引发了更多读者的共鸣。^② 研究者还分析了金庸小说从"流行经典"到"历史经典"的演变^③，探讨了它"迈向经典"的途径^④，认为这种"经典变迁"既与金庸创作过程中对社会因素和对自身因素的认识密不可分^⑤，也与他对武侠小说的艺术价值的自觉追求相关。^⑥ 与之类似，研究者还认为，金庸的非凡成就与其小说作品对"武"的创新^⑦、"侠情"的开拓^⑧ 及其对中国武侠小说发展的贡献^⑨ 有内在关联。此外，研究

---

① 严家炎：《一场静悄悄的文学革命——在查良镛获北京大学名誉教授仪式上的贺辞》，《明报月刊》1994 年第 12 期；鉴春：《金庸：从大众读者走进学术讲坛——杭州大学金庸学术研讨会综述》，《杭州大学学报（哲学社会科学版）》1997 年第 4 期。

② 陈墨：《金庸小说与二十世纪中国文学》，《当代作家评论》1998 年第 5 期。

③ 韩云波：《金庸小说第三次修改：从"流行经典"到"历史经典"》，《西南大学学报（社会科学版）》2008 年第 1 期。

④ 李云：《迈向"经典"的途径——"金庸小说热"在大陆：1976—1999》，《海南师范大学学报（社会科学版）》2008 年第 3 期。

⑤ 卢敦基：《论金庸武侠小说创作过程中的重要转变》，《浙江学刊》1997 年第 6 期。

⑥ 徐岱：《论金庸小说的艺术价值》，《文艺理论研究》1998 年第 4 期。

⑦ 卢敦基：《论金庸小说"武"的创新：一个现代武侠小说的演进视角》，《西南大学学报（社会科学版）》2019 年第 4 期。

⑧ 庄国瑞：《论金庸武侠小说对"侠情"的开拓》，《浙江学刊》2019 年第 6 期。

⑨ 韩云波：《主流化的创造性转换——论金庸对中国武侠小说的贡献》，《北京师范大学学报（社会科学版）》2019 年第 1 期。

者还从汉语新文学①、伦理②、女性研究③等视角，对金庸小说做了探讨。值得一提的是，近三十年有多部以金庸小说为主题的著作面世，从人物形象、小说结构、故事情节、审美艺术、政治思想等多个层面分析金庸小说的过人之处。④

第二，从文化学层面，探讨金庸小说极富特色的文化意蕴。王一川认为，单纯从文学、文学史层面探讨金庸是远远不够的，金庸的意义"需要从更宽阔的文化视野——中国文化现代性去审视"，金庸小说"表现了中国古典文化价值系统的现代性风貌，为现代多元文化格局中的价值建构确立了一种'和而不同'的

---

① 朱寿桐：《意义张力的消解："汉语新文学"概念之于金庸研究的价值》，《西南大学学报（社会科学版）》2012年第2期。

② 胡河清：《金庸小说的伦理情感》，《社会科学》1992年第12期。

③ 丁莉丽：《金庸的悖论：传统男权尺度与现代女性观》，《浙江学刊》1997年第5期。

④ 代表性著作，如严家炎：《金庸小说论稿》，北京大学出版社，2000年；陈墨：《金庸小说赏析》，百花洲文艺出版社，1999年；宋伟杰：《从娱乐行为到乌托邦冲动——金庸小说再解读》，江苏人民出版社，1999年；陈墨：《孤独之侠——金庸小说论》，上海三联书店，2001年；陈岸峰：《解构金庸》，广东人民出版社，2020年。另外，还有专题性散论，如严晓星：《金庸识小录》，中华书局，2012年；刘勃：《金庸江湖志》，北京联合出版公司，2017年；胡菊人：《小说金庸》，江西教育出版社，2017年；胡文辉：《拜金集》，广东人民出版社，2018年；马大勇：《江湖夜雨读金庸》，辽宁人民出版社，2020年。其他还有论武侠小说以金庸作品为主旁及金庸作品者，如梁守中：《武侠小说史话》，天津人民出版社，2019年；王怜花：《江湖外史》，河北教育出版社，2019年；杨兴安：《文心侠骨：金庸小说与文学》，上海书店出版社，2020年。

理想范型"①；冷成金也认为金庸小说的成功，"最根本的原因在于它能在充沛的现代意识的融透中对传统文化进行苦心孤诣的梳理和显扬"②。与王一川、冷成金着眼于从现代文化分析金庸小说不同，更多的研究者从金庸小说中寻绎中国传统文化的影子。何平认为，"金庸小说与儒学的深刻联系在于小说中的武侠形象充分抒发了中国文化草创之初的原儒情怀，金庸以其独特的儒家文化言路，成功地塑造出一批阳侠阴儒的江湖英雄"③；卢敦基则以为金庸小说吸收了儒释道三家思想中的精华，构建出"古代精神世界的宏伟殿堂"④；在陈洪看来，金庸"把侠士英雄们的人格理想从传统的勇武、义气加以丰富与提升，融入了孔孟、庄禅的元素，就同时丰富、提升了作品的文化品位"⑤；即使是对金庸小说持批评态度的研究者也认为，"金庸小说绝不只是雅俗共赏的文学作品，更是意义复杂、影响深远的文化现象"⑥。可以看出，研究者将金庸作品中融于中国人血脉中的文化因子看作其成功的奥秘，但这不能解释，将传统文化融汇于作品中的写作

---

① 王一川：《文化虚根时段的想象性认同——金庸的现代性意义》，《天津社会科学》2001 年第 5 期。

② 冷成金：《金庸小说与民族文化本体的重塑》，《中国人民大学学报》1995 年第 6 期。

③ 何平：《侠义英雄的荣与衰：金庸武侠小说的文化解述》，《读书》1991 年第 4 期。

④ 卢敦基：《金庸新武侠小说的文化与反文化》，《浙江学刊》1991 年第 1 期。

⑤ 陈洪：《庄禅与孔孟：金庸"武侠"理想人格源头论》，《天津社会科学》2009 年第 4 期。

⑥ 徐秀明、范钦林：《金庸小说的意识形态解读》，《华东师范大学学报（哲学社会科学版）》2010 年第 1 期。

者不乏其人，创造传奇的为何偏偏只有金庸呢？

以上研究从文学、文化的各个不同侧面分析了金庸小说"独步江湖"的内在原因，自有其价值。但总体而言，这些论断大多从文化产品视角论证金庸小说，较少从媒介层面予以分析。当下通常所言的"媒介"，常常被指向"广播与新闻报纸"这样的大众媒体①，事实上这样的用法自18世纪才变得普遍②，是窄化的媒介意涵。从传播史的实践看，媒介有三种意涵：一是指"中介机构"或"中间物"，二是指技术层面

图 10-1　1955 年 2 月 8 日，在罗孚的建议下，金庸开始在《新晚报》上连载《书剑恩仇录》，金庸武侠的时代就此开启

的声音、视觉、印刷等不同媒介，三是专指资本主义。因此，培根认为文字是表达的媒介。③雷吉斯·德布雷也指出，"唯一的媒介不存在"，媒介"首先近似地指在特定技术和社会条件下，象征传递和流通的手段的集合"，"这个集合先于并大于当代媒

---

①　John Hartley, *Communication, Cultural and Media Studies: The Key Concepts*, Fifth edition (London and New York: Routledge, 2020), 201.

②　雷蒙·威廉斯：《关键词：文化与社会的词汇》，刘建基译，第 299 页。

③　同上，第 299—300 页。

体领域"。如此分析，媒介至少有四种词义：人类使用的自然语言、播发和感知的身体器官、符号的物质载体、输入和复制的技术手段。[①]与之类似，麦克卢汉也认为媒介"不局限于与大众传播相关的媒介"，它"是人体的延伸"，"也可能是社会组织和互动的形式（语言、道路、货币）"。[②]由上述分析可知，从本原上讲，媒介乃是人与人、人与物之间信息传递的中介之物。若从此种非窄化的视角看，不同层面的媒介贯穿了金庸文化实践的始终。金庸小说固然是成就"金庸传奇"的核心要素，但创作小说者众，无论严肃文学还是通俗小说，论社会影响，几无超出金庸者。本章认为，金庸小说内在的"媒介"性以及多元媒介的合力传播是"金庸传奇"出现的重要动因。以下即围绕此展开分析，以图为"金庸传奇"给出一种媒介学层面的阐释。

二　作为媒介的"文本"：语言与互文的穿透力

如上所述，在多数研究者的视野中，金庸是以小说功成名就的。但作为非凡小说家的金庸的过人之处和与众不同之处在于，他将小说文本幻化为一个广泛触达不同阶层的超级媒介。彼得斯曾指出，"媒介是象征性的连接。它由信息、手段、代理

[①]　雷吉斯·德布雷：《普通媒介学教程》，陈卫星、王杨译，第4—10页。

[②]　马歇尔·麦克卢汉：《理解媒介：论人的延伸（增订评注本）》，何道宽译，第480—481页。

等三个相互关联的维度构成"①。与之相似，德布雷则认为，媒介是包含符号化方法、传播的社会编码、物质载体和记录设备的"设备—载体—方法系统"②。以此观之，无论是"信息"，还是"符号化方法和传播编码"，作为文本的金庸小说就是连通"人与人"的媒介，是媒介体系必不可缺的构成要素，是建立"象征性连接"方法系统中的重要一环。

首先，作为媒介的文本语言在金庸作品中超越了"雅""俗"鸿沟，也弥合了"精英"与"大众"的嫌隙。德里达说，"不管人们如何理解，语言问题也许从来就不是一个普普通通的问题"③，他看重的是语言的开放性、差异化建构的意义之网及与之相伴的解构可能，但这句话无疑也表明语言与生俱来的复杂性。从社会阶层的角度看，无论中西，语言都曾是阶层区隔的重要表现。就如拉丁语曾是欧洲上流社会通用的学术语言，伊丽莎白一世女王曾交替用拉丁语和法语与来访使臣交流以彰显自身文化精英的身份一样，乔治·奥威尔为体验下层流浪汉生活故意醉酒想进监狱，一口正宗牛津腔却使他露出了庐山真面目。口语如此，书面语亦然。人类学家芮德菲尔德认为，一种文明之中，总是会存在两个不同的传统，一个是上层知识阶层的传统，

① 约翰·德拉姆·彼得斯:《大众媒介》，参见 W. J. T. 米歇尔、马克·B. N. 汉森主编:《媒介研究批评术语集》，肖腊梅、胡晓华译，第 206 页。
② 雷吉斯·德布雷:《媒介学宣言》，黄春柳译，南京大学出版社，2016 年，第 13 页。
③ 雅克·德里达:《论文字学》，汪堂家译，上海译文出版社，1999 年，第 7 页。

"由为数很少的一些善于思考的人们创造"；另一个是下层无知群众的传统，"由为数很大的、但基本上是不会思考的人们创造"。① 依余英时的看法，"中国文化很早出现了'雅'和'俗'的两个层次，恰好相当于上述的大、小传统或两种文化的分野"，而雅言和方言则又对应雅俗之分："'雅言'是士大夫的标准语，以别于各地的方言。"他还指出，"更值得注意的是中国人很早便已自觉到大、小传统之间是一种共同成长、互为影响的关系"，"'雅言'并不是单纯的语言问题，而涉及一定的文化内容"。② 从武侠小说的历史源流看，它自诞生起，就与五四新文学这样的严肃文学构成俗雅格局，始终是难登大雅之堂的通俗作品。除少数佳构之外，很多作品粗制滥造，不入上流社会的法眼。金庸作品初始虽为"商业谋"的急就章，但源于金庸本人的古典修养与士人情怀，其语言不同于五四之后粗鄙无文的大白话，而是承续了雅言传统又融汇了古白话神韵的"雅俗体"，文白交错，用语精致。例如："钱塘江浩浩江水，日日夜夜无穷无休地从临安牛家村边绕过，东流入海。江畔一排数十株乌桕树，叶子似火烧般红，正是八月天时。村前村后的野草刚起始变黄，一抹斜阳映照之下，更增了几分萧索。两株大松树下围着一堆村民，男男女女和十几个小孩，正自聚精会神地听着一个瘦削的老者说话。"（《射雕英雄传》第一回）又如："小河如青缎带子般，在月

① 芮德菲尔德：《农民社会与文化：人类学对文明的一种诠释》，王莹译，中国社会科学出版社，2013年，第95页。
② 余英时：《士与中国文化》，上海人民出版社，2003年，第117—120页。

色下闪闪发光，丁珰竹篙刺入水中，激起一圈圈涟漪，小船在青
缎子上平平滑了过去。有时河旁水草擦上船舷，发出低语般的
沙沙声，岸上柳枝垂了下来，拂过丁珰和石破天的头发，像是
柔软的手掌抚摸二人头顶，良夜寂寂，花香幽幽，石破天只当
是又入了梦境。"（《侠客行》第六回）这样的文字，如同优美画
卷，在读者面前徐徐展开，使读者不知不觉浸入其中。刘再复就
认为，金庸小说的语言，"在民族语文被欧化倾向严重侵蚀的情
形下创造了不失时代韵味又深具中国风格和气派的白话文"[1]，其
小说文本同时获得市井百姓与政学精英的青睐，更有华裔家庭，
将金庸小说作为孩子学习汉语的教科书，目之为当代典雅汉语
之范本，也就毫不奇怪。

其次，穿越古今、联通中外的"互文本"之网，使金庸小说
更为受众喜闻乐见，也使它比其他同类作品更容易辐射更广泛
的受众群体，并与受众接受心理相契，获得超阶层、跨文化的
持久传播。克里斯蒂娃指出，"文本空间有三个维度，即写作主
体、读者和外部文本，彼此之间有对话关系"，"任何文本都是对
其他文本的吸收和转化。'主体间性'在此处为'文本间性/互
文性'所取代"。[2]"文本阅读不能局限于文本本身，还要阅读此
前和此后的文本，也就是作者对其他文本的接受，以及读者对

---

[1] 刘再复：《金庸小说在二十世纪中国文学史上的地位》，《当代作家评论》1998
年第5期。

[2] 茱莉亚·克里斯蒂娃：《主体·互文·精神分析：克里斯蒂娃复旦大学演讲
集》，祝克懿、黄蓓译，生活·读书·新知三联书店，2016年，第13—14页。

作者的接受等。主体性和历史性是需要考虑的。"①金庸打造了一个互文本之网，其作品与中国古典名著有明显的"对话"关系。金庸自己曾讲，因为当初连载需要，小说创作多系速成之作，有时实在不知如何落笔，便模仿《红楼梦》《水浒传》等经典作品的描写与情节。有研究者发现，《书剑恩仇录》中霍青桐的形象明显抄自《红楼梦》中对警幻仙姑的描写，《天龙八部》中段誉对阿朱、阿紫姐妹的誉词又与《红楼梦》第四十九回贾宝玉对袭人、麝月、晴雯等人所讲之话雷同；《书剑恩仇录》第二十回红花会群雄被围、赵半山神箭灭灯的情节则袭自《水浒》第四十八回的花荣一箭灭红灯，《鹿鼎记》康亲王"赔还帽子"、《神雕侠侣》中杨过赠袍等情节则典出《三国演义》曹操战袍赠关羽的情节……②不仅如此，金庸对域外经典也信手拈来，融汇于自己的作品中——既包括创作手法，也包括"文本互文"，这无疑使他的作品也与国外读者没有太大隔阂。《天龙八部》《鹿鼎记》等小说中有很多情节呈现出西方读者耳熟能详的"皮格马利翁现象"，《射雕英雄传》末章（第四十回），成吉思汗与郭靖关于"一个人占有多少土地"的问答，演化自托尔斯泰《三十三篇故事》，《书剑恩仇录》周仲英杀子情节化自法国作家梅里美小说《谁来跟我干杯？》。③此外，金庸作品中，还有诸多类似"罗生门"的桥段，采用心理学描写的手法，等等，都很契合西方读者和中

①　茱莉亚·克里斯蒂娃：《主体·互文·精神分析》，祝克懿、黄蓓译，第29页。

②　严晓星：《金庸识小录》，第6—7、10—11、96—97页。

③　同上，第53—54、61—62、114页。

国现代读者的口味。美国学者、《纽约客》作者傅楠（Nick Frich）即指出："金庸作品最重要的特点之一，就是既有中国传统文学章回小说的特点，又有大仲马的叙述精神。西方人如果想了解中国文化，必定应该读金庸著作。"[①]受众广泛的写作者通常有能力将自己的作品打造成一个辐射四方的互文本之网。一个互文本若能结成连接社会各个角落的文本之网，必须使写作主体与读者建立心灵的高度契合，这种契合单纯依赖写作主体自身创作的"纯化文本"往往很难达到意想之中的效果，"任何写作都是有创意的解读……各种文本纤维混纺，语义混合，成文新文本"[②]。这就需要将读者已经耳熟能详的外部文本巧妙地化入自己的文本中，通过外部文本这种媒介，既使自身的文本与外部文本建立联系，也使得写作主体可以方便地拉近、建立与读者的关系，最终使自己创作的文本更自然地引发情感共鸣，成为联结更广泛受众的媒介。金庸作品在中国的影响及其近三四年来英文版在域外引发的阅读热情，是因为金庸作品中有"读者和作者共享的符号"，而这些符号"来自社会文化的文本"。[③]正是有了共有的社会文化文本带来的这种"共享性符号"（互文本），令作为媒介的互文本的金庸作品具有了无与伦比的强大联结力。以共享性符号为基础，金庸作品还构造了一个"互文本系统"，

---

① 沈西城：《金庸往事》，浙江文艺出版社，2019年，第67页。
② 童明：《解构广角观：当代西方文论精要》，中国社会科学出版社，2019年，第65页。
③ 同上。

图 10-2　1957 年 1 月，《香港商报》连载《射雕英雄传》

它涵括了多样化的阅听人和不同的文化样态，通过不同的媒介平台，维持了复杂的相互关系。[①]

三　时代洪流中的核心媒介：报纸、小说与中华民族共同体

自晚清现代意义上的新闻纸诞生起，报纸即成为 20 世纪中国人生活中影响时间最为持久的大众媒介。1948 年赴香港之前，金

---

① John Hartley, *Communication, Cultural and Media Studies: The Key Concepts*, Fifth edition, 280.

庸曾在《东南日报》《半月刊》《大公报》等报刊工作，积累了报纸工作经验；1948 年到香港后，先后任职于《大公报》《新晚报》，直至 1959 年 5 月自创《明报》。在此期间，金庸已在《新晚报》《香港商报》连载完成《书剑恩仇录》《碧血剑》《射雕英雄传》，正在《新晚报》连载《雪山飞狐》。金庸小说虽系虚构的文学作品，却有意识地将历史意识融于其间，而他创办《明报》后的报业实践，亦有浓烈的民族意识与历史情怀，这就使报纸、小说与历史共同构建出时代洪流中的中华民族共同体，使其小说与报纸迅速在中国港台地区甚至东南亚乃至北美、欧洲华人群体获得无数拥趸。

依本尼迪克特·安德森的说法，民族乃一想象之存在，是一种现代性的想象的共同体。"民族的属性以及民族主义，是一种特殊类型的文化的人造物"①，这种现代性想象共同体的出现与凝聚，与两种技术手段有密不可分的关系——这就是小说和报纸。②民族与种族不同，如果说种族更多地表现为血缘、体型、肤色等生物学特征，那么民族则具有更为突出的文化色彩与情感认同成分。共同体有血缘共同体、地缘共同体与精神共同体等不同层面，而精神共同体"在同从前的各种共同体的结合中，可以被理解为真正的人的和最高形式的共同体"③。在现代社会，

① 本尼迪克特·安德森：《想象的共同体：民族主义的起源与散布（增订版）》，吴叡人译，上海人民出版社，2011 年，第 4 页。

② 同上，第 23 页。

③ 费迪南·滕尼斯：《共同体与社会：纯粹社会学的基本概念》，林荣远译，北京大学出版社，2010 年，第 53 页。

血缘共同体、地缘共同体固然是作为共同体存在的民族存在的根基和最普遍的形式，但是全球化的跨国流动与区域交往的频繁，使得跨越种族与地域的"精神共同体"无疑成为民族共同体的重要表现形态。滕尼斯曾指出，共同体的本质是"结合"的关系，而社会的本质则表现为"分离"的关系。那么，作为最高形式的精神层面的民族共同体如何来维系这种真正的具有持久性的共同生活的感觉？滕尼斯认为，"共同体的生活是相互的占有和享受，是占有和享受共同的财产"①。安德森意义上的民族共同体，其实与滕尼斯视野中超越血缘与地域的最高形式的共同体——精神共同体有相通之处。它的维系，需要精神层面的纽带。从这个意义上讲，金庸小说为全球华人提供了一种"中华民族共同体"的文化想象。无论是早期作品如《书剑恩仇录》《射雕英雄传》中体现出的儒家思想，还是中后期作品如《笑傲江湖》中体现的道家精神、《天龙八部》中浸透的佛禅境界，都是中华民族儿女内心深处隐藏的共同的情感。此外，金庸小说中所呈现的各色人物琴棋书画相伴的诗酒写意人生，也极易引起读者的共鸣。特别是在世界局势动荡不安，刚刚摆脱自晚清以来被动挨打局面、建立全新国家的时代背景下，中华民族的认同感在海内外均成为无可替代的共通情感。詹姆斯·凯瑞认为，除了通常意义上的"'传授''发送''传送'或'把信息传给他

---

① 费迪南·滕尼斯：《共同体与社会：纯粹社会学的基本概念》，林荣远译，第62页。

人'"的传播观念外，传播还与"'分享''参与''联盟''团体'及'拥有共同信仰'这一类词或短语有关"，"并非只指信息在空中的扩散，而是指在时间上对社会的维系；不是指传达信息的行为，而是共享信仰的表征"，可以创造出"以团体或共同的身份把人们召集在一起的神圣典礼"。① 从传播的两种观念看，金庸小说不仅实现了广泛传布，同时也在特定的时代背景和文化情境中，创造出了"中华民族共同体"的仪式感。周宁就认为，"武侠小说是华人内心生活中最隐秘的、最基本的内容的戏剧化，是民族梦幻的表现"，20 世纪下半叶，"大陆的华人身处传统之中，关心的是文化革命的问题，待到盲目的革命造成传统的断裂，个人存在价值无以附着时，才感到寻根的必要；海外华人身处传统之外，很清晰地感受到文化疏异给个人造成的身世飘摇感，所以他们从一开始就关注文化的延续性问题。这种核心关怀表现在理智层次上，就是新儒学；表现在情感与社会无意识层次上，就是武侠小说"。② 1966 年 4 月，远在美国加州大学伯克利分校任教的陈世骧教授致函金庸，就谈及在美学人杨联陞、陈省身、夏济安以及文理工诸多学生，每晤面无不以谈金庸小说为乐，这从一个侧面昭示，金庸小说成为联结华人世界的情感纽带。

金庸小说产生如此影响，作为当时最具影响力大众媒介的

① 詹姆斯·威廉·凯瑞：《作为文化的传播："媒介与社会"论文集（修订版）》，丁未译，中国人民大学出版社，2019 年，第 14—29 页。

② 周宁：《从金庸作品看文化语境中的武侠小说》，《中国社会科学》1995 年第 5 期。

图 10-3　1959 年，金庸创办《明报》。是年 5 月 20 日，开始在《明报》连载《神雕侠侣》

报纸功不可没。所有的读者，在相同的时间，通过报纸这种现代媒介阅读同样的内容（金庸小说），"这些被印刷品所联结的'读者同胞们'，在其世俗的、特殊的和'可见之不可见'当中，形成了民族的想象的共同体的胚胎"①，创造出一种非同寻常的阅读仪式感，这种仪式感进一步强化了中华民族共同体的情感。但相比其他武侠小说作家，金庸的特出之处还不止于此。与梁羽生、古龙、倪匡、黄易、诸葛青云、卧龙生、上官鼎、司马翎、萧逸、温瑞安或厕身于媒体或与媒体无缘不同，金庸是媒体人，是在中国香港、东南亚乃至海外华人圈中卓有影响的明报集团的创办者和掌门人。明报集团自 1959 年创办起，陆续在中国香港以及东南亚创设《明报》《武侠与历史》《野马》《东南亚周刊》

———————————

① 本尼迪克特·安德森：《想象的共同体：民族主义的起源与散布（增订版）》，吴叡人译，第 43 页。

《明报月刊》《新明日报》《华人夜报》《明报周刊》《明报晚报》
等报刊，构建了在华文世界举足轻重的报业集团。其中，又以
《明报》《明报月刊》《明报周刊》最为成功。正如学者陈平原所
指出的，"有了《明报》的事业，金庸与无数武侠小说家拉开了
距离"，将其查良镛政论与金庸作品并观，才能"真正理解查先
生的抱负与情怀"①；从媒介视角探讨报纸、小说与中华民族共同
体之间的关系，就不得不将查良镛的报业实践作为重点考察对
象。有研究者指出，"《明报》的中心思想，是以孔孟儒家的'忠
恕仁爱''民为贵、社稷次之、君为轻''不偏不倚、中庸之道'
为主轴，加上庄子、道家的逍遥自在，还有英国哲学家罗素的反
战思想"②，金庸社评的六大类中除少量论及"苏联及共产主义"
和"国际热点"，其余围绕中国、华侨等，均涉及中华民族共同
体的议题。在逃亡风潮、研发核武器、中国内地政治等诸多事件
的看法上，与一般左翼媒体人态度差别很大，若他如早年那样
继续任职于左翼媒体，其言论无论如何不可能见得天日，但由
于金庸是明报集团的所有人，这些"不偏不倚、秉持中庸"的政
论，多从民族统一大义、国家长远发展视角出发，再加上他对中
国内地政局风向的远见卓识与准确预测，使《明报》成为华人世
界最受瞩目的严肃大报。

　　金庸中后期的作品，基本都在《明报》等自办媒体连载。小

---

① 陈平原：《超越"雅俗"——金庸的成功及武侠小说的出路》，《当代作家评论》
　　1998 年第 5 期。

② 张圭阳：《金庸与〈明报〉》，湖北人民出版社，2007 年，第 226 页。

说和报纸是金庸事业的一体两翼，小说看似充满虚幻色彩，它其实以内在的文化传统符号构建了一个虚拟的想象的民族情感空间，报纸的新闻与政论指向社会现实，但其事实与言论的议程与框架，也旗帜鲜明地将中华民族置于核心地位。特别是，金庸常常利用自己报人身份，结交海内外华人世界的政学精英，或采访，或受访，持续在大众媒体上保持知名度与影响力。没有自己的报业帝国，金庸或许依然是一位出色的作家，但是离开了报纸的助力，金庸可能像他的小说家同侪一样早已黯然无声。从某种程度上讲，白天从事新闻工作的查良镛，与午夜笔耕于政论与小说间的金庸是一体的，是报纸这种时代中的第一媒介，使他的民族情感通过新闻、政论与小说得以宣发，也使得中华民族共同体的情感激荡着整个华人世界。如此，金庸也便成为独特的存在。

四　身体的媒介与融合的媒介：跨越时空的影响力

媒介是中介化的存在，是建立和维系人与人之间关系、传递人与人之间信息的纽带。从这个角度讲，身体是最基础的媒介形态。克劳斯·布鲁恩·延森认为，通观人类传播史，传播活动有赖于三个维度、不同形式的媒介：第一维度是身体和工具，第二维度是易于信息复制却乏于传受互动的大众媒介，第三维度是基于元技术的数字媒介。他认为，与演讲及口头交流联系在一起的具身化传播（embodied communication）是"社会个体参与到多元化的传播活动之中的过程"，从进化、心理、社会多个角度看，口语交流和具身化传播都在传播活动中有着无可比拟的特定优势。[①]金庸与其他小说作家的不同之处在于，他不仅是小说家，还是"名气界的名流"——香港知名报人、政治活动家、社会活动家、学术圈边缘的学人，他在不同身份之间不断转换，以自身为媒介，通过演讲、访谈、致辞等与不同层面受众的面对面交流，制造了一个又一个"媒介事件"，使他在半个世纪的文化实践中，始终处于"高曝光"状态。即使在七十岁辞去明报集团主席直至辞世前的二十余年，金庸的一举一动仍然是文化界街谈巷议的人物。在政治领域，1981 年 7 月 18 日，邓小平会见金庸后，次日的《人民日报》即给予报道，使他的影响一夜之间超越武侠小说读者圈，天下皆知"查良镛"；此后，他又参与香港特别行政区基本法起草委员会，往返京港之间，一举一动，均受瞩目；而他北上之行，与北京高层人士和文化界人士的会面，又多以"见闻录"形式由《明报》《明报月刊》等在华人世界广为传播，政治事务中的查良镛一时超越小说家金庸，持续激起一波又一波的涟漪。1989 年辞去香港基本法起草委员会委员、咨询委员会委员的金庸，更愿意以学者身份参与文化活动。90年代以后，曾以学人身份入选牛津大学圣安东尼学院访学院士，

---

① 克劳斯·布鲁恩·延森:《媒介融合：网络传播、大众传播和人际传播的三个维度》，刘君译，第 69—70 页。

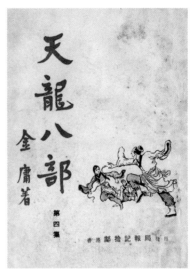

图 10-4　金庸小说"普及本"。金庸的小说在报纸上连载不久（通常六七天后）便被盗印，这些盗印本被称为"爬头本"（大概意为抢在正版出版之前）。为避免此现象的发生，金庸便委托负责《明报》发行的邝拾记报局抢在"爬头本"之前推出正版"普及本"。从传播的角度看，无论是"爬头本"，还是"普及本"，都促进了金庸武侠小说的流传，也提升了金庸的社会名望

获聘北京大学等诸多国内知名高校兼职教授，更于 1999 年于七十五岁高龄就任浙江大学人文学院院长、教授。其间，还参与中美两国多地多次举办的"金庸学术研讨会"，每一次事件，俱成文化新闻，广为传播。

　　值得一提的是，几乎上述所有活动，都是经过精心策划和传播的，它们虽然很少涉及国家与社会的"要务"，事实上却也成了某种形式的"媒介事件"，金庸成为这些事件中的"英雄人物"，"事件"与"英雄人物"的叠加，令普通观众"心驰

神往"①。在这些活动中，金庸大都会以学者身份亲自到场致辞。正如有研究者指出的，具身化是"某些特定主体以一个动态的身体，以特殊具体的方式去生活和体验人生的方式"，"如果在某些情况下身体是等待人们去发现、去分析的客观事实，那么与此同时，身体也是媒介，人们只有通过身体才能获得这些知识"②。在上述文化活动中，金庸的一举一动，任何的言谈举止，都深深地楔入其中，在场的身体与缺席的身体，都成为不可或缺的传播要素。金庸以自己的具身化传播，体验了一种政界、学界应有的生活，而其关注者则通过金庸的身体这一媒介，获得了对金庸的再认识。可以说，通过身体媒介的具身化传播，小说家的金庸成为"学人的金庸"，成为"更加丰富的金庸"，金庸本人也就成为昨日之金庸迈向今日之金庸的"媒介"。

身体的媒介是融合的媒介的一个组成部分，"金庸传奇"成为现实的一个重要因素在于包括身体在内的融合媒介网络持续不断地传播金庸及其作品。正如报纸、广播、电视等大众媒介不能掩盖具身传播的价值一样，随着传播技术的发展和传播媒介的丰富，任何一种媒介都不再是单一媒介，而是演变为媒介网络中的一个组成部分；而媒介也不再仅仅是表面可见的媒介，

---

① 关于"媒介事件"的相关论述，可参见丹尼尔·戴扬、伊莱休·卡茨：《媒介事件：历史的现场直播》，麻争旗译，北京广播学院出版社，2000年，第5—13页。

② 伯纳黛特·维根斯坦：《身体》，参见 W. J. T. 米歇尔、马克·B. N. 汉森主编：《媒介研究批评术语集》，肖腊梅、胡晓华译，第27页。

图 10-5　随着金庸武侠小书在坊间的流行，"普及本"的金庸小说也被当作"广告媒体"——此图系《明报》在《神雕侠侣》"普及本"中的广告页，这无疑是不同媒介互动并相互促进的先声

而是更进一步转化为社会个体的人与媒介的人—媒介的结合体，背后是媒介与媒介、人与媒介、人与人之间交错复杂的网状关系。正是在这个维度上，金庸从小说这种"内容"起步，将单一的小说文本，转化为信息丛（多元化、多层次的信息内容），作为媒介的"文本"，勾连了起初的"阅读公众"，而作为媒介（文本）之媒介的融合的媒介，将单一文本构建成立体、丰富、多元的"金庸作品"，使之触达更加广泛的"社会公众"。从"阅读文本"向"视听文本"转化的过程中，电影、电视剧是最为普遍的形式，金庸作品也很受青睐，但 20 世纪六七十年代，在中国港台地区特别是香港地区，被改编成影视剧拍摄最多的是梁羽生，而非金庸。金庸的独特之处，是作品超越了书籍和影视剧这两种最为普遍的媒介形态，在多种媒介中被不断地改编与呈现。早在 1975 年，金庸就曾在《射雕英雄传》的后记中提及其作品曾以潮州剧的连台本戏形式在泰国上演。事实上，金庸作品的转化形态多种多样，除了众所周知的影视剧、网络游戏，还曾

被改编成话剧、京剧、评弹、广播剧，在日本还曾被拍摄成数十集的动画片。^①有研究者将金庸作品跨媒介融合传播的现象称为"他力转生"，认为通过"电影、电视、广播剧、漫画、音乐、舞蹈、桌游、电玩、公仔等娱乐与艺术的形式，以至种种周边，甚至是独立创作的特色商品"等不同媒介形态的传播，"金庸小说的人物造型、情节场景，也就因此以'二次创作'甚至'N次创作'方式，结合不同'改编人'的创作心灵，注入活水，重新塑造成适合不同时代不同年龄以至不同喜好偏爱的……电影、电视观众、电台广播听众、漫画读者、艺术观赏者、电玩、桌游玩家，甚至是收藏家……金庸小说，已经不再只是小说，而是一个能够涵容百川的流行文化主题、现象"。^②

从融合的视角看，媒介融合可以分为三个阶段，媒介融合1.0是生产者的视角，传媒组织者如何利用多种媒介，更好的组织文化生产活动，达到文化传播的目的与效果；媒介融合2.0是消费者的视角，人使用各种媒介，满足自己的文化精神需求；媒介融合3.0是社会个体与数字传播网络的视角，社会个体崛起，并有可能主导文化的生产与消费。融合的过程，也是多种媒介相互作用、相互影响的过程，"没有一种媒介具有孤立的意义和存在，任何一种媒介只有在与其他媒介的相互作用中，才能实现自己的意义和存在"，"媒介的相互影响"，"在社会上、在人的心灵

① 吴双：《异域与想象：论金庸武侠小说在日本的文化景观》，《西南大学学报（社会科学版）》2017年第1期。
② 邱健恩：《金庸小说：从文字到文创》，《苏州教育学院学报》2019年第5期。

中激烈地进行"，"媒介杂交释放出新的力量和能量"。[①]金庸作品及其衍生文化产品的传播过程，无疑也经历了从媒介融合1.0到媒介融合3.0的转化。在此过程中，多种媒介融合在一起，相互激荡，不断为"金庸传奇"增添亮色。特别是在当前的数字化时代，互联网、社会媒体依然推动着它不断走入阅听人的视野。

结　语

在20世纪的中国文化长河中，金庸作品以其非凡的文化特质，成为达通社会各界广泛"阅读公众"的基础媒介，金庸也以具身化的传播，成为20世纪下半叶至今持续的"文化热点人物"，而金庸作品、金庸以及二者赖以存在的融合的媒介，合力创造出20世纪华人文化界最为引人注目的"金庸传奇"。

既有的金庸研究，多以金庸小说的"内容"本身为探讨对象，从中国传统文化入手分析其成为"文化现象""文化奇迹"的原因，这对于重新思考武侠小说在中国文学史上的地位、何为优秀的文学作品、探究文学创作的手法与价值乃至文学创作如何借重中国文化要素等，无疑都极具启发。但对于探讨"现象""奇迹"甚或"金庸传奇"何以生成并在中国文化场域持久

---

① 马歇尔·麦克卢汉：《理解媒介：论人的延伸（增订评注本）》，何道宽译，第40、67页。

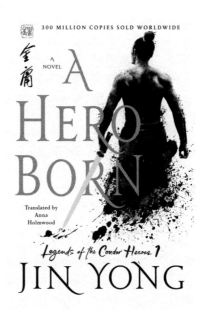

图 10-6　2018 年以来，英国麦克洛霍斯出版社和美国圣马丁出版公司分别推出了《射雕英雄传》英文版，吸引了众多欧美读者的目光，市场反响不凡

地成为"热点"，似乎还略显不足。换言之，撇开或者轻视媒介的作用，难以真正理解"金庸传奇"。但同时，若是没有金庸以及文化情境中的阅听人，而仅有多样化的媒介，也不会有"金庸传奇"。因此，媒介与人，是文化传播实践的一体两翼，缺一不可。"人—媒介—人"是一个密切相连、紧密互动的"共同存在"。媒介具有两种样态——静态媒介，是媒介的物质性体现，是自在的、不变的，也是显现的层面；动态媒介，与人的传播实践紧密相关，因人的加入，它成为变动不居、具有无限可能的存在，是潜在的层面。不同的人与媒介的组合，会带来差异化甚至是迥

然有别的媒介化后果。"金庸传奇"是动态媒介的"传奇"。正是从这一视角出发，笔者将"金庸传奇"看作"文本"的媒介、报纸的媒介、身体的媒介与融合的媒介与文化情境共同作用的结果，这几种不同的媒介或许在特定的历史阶段作用大小有所差异，但是在成就"金庸传奇"的过程中是"你中有我，我中有你"，合力"织就"了辐射四方的媒介之网，使得金庸在文化场域的角逐中能够独占鳌头。

依德布雷的说法，传播"是一定时间内的信息流通"，"是长期过程中的瞬间和广泛集合体中的片段"，而传承则是"广泛的集合体，是所有的集体记忆，是在实践中传递信息，是在不同的时空范围内进行的长时间的传播活动"，"是一种相互联系、具有认同感的结构"。[①]"传递是一个技术、社会和文化性质的，复杂、多重的网络。"[②] 在传递的过程中，语言／文字是基础性媒介，是它奠定了媒介网络得以成长、生发、拓展的前提，在此之后，媒介间和媒介内部的互构与相互影响才成为可能。金庸作品初创之时，或许是急就章，但从日后金庸对其作品的一改再改，其作品中渗透的中华民族共同的"集体记忆"及其利用不同媒介在"复杂、多重网络"中的持久传播看，至少金庸本人已将其作品看作可以传承之物，再加上各种媒介仍然对"金庸"保有的热情，或许，"金庸传奇"仍将继续。

---

① 雷吉斯·德布雷:《媒介学引论》，刘文玲译，第 15 页。

② 陈卫星:《传播与媒介域：另一种历史阐释》，《全球传媒学刊》2015 年第 1 期。

后 记

　　人生在世，在世中、在事中寻找人生的意义，大抵是人活于世的价值所在。本来计划在今年年初，至少 3 月份能够整理完成这本小书，未曾想，持续地整理、持续地中辍，一直拖至 7 月，才算初克完成。于我而言，整理完成这本小书，或许是今年最为重要的工作之一，但其他事也并非不重要，所以，打断、接续，也都是正常，是我这样的小人物必须要面对的事体。

　　转眼之间，工作已二十年。前十年从事书籍出版，后十年转入学术界从事教学科研。兜兜转转，人总是回到最初的念想之点。不禁想起很多年前，大概九或十岁的样子，与母亲在故乡的院子里闲聊。她问我，以后打算做什么，我答做个教师吧。其实，当时诸事懵懂，家族里只有五叔、五婶是小学教师，当时也看不出他们的生活有多少乐趣——除了教书，还要种田，与一般农民相差无几。想来，当时只是随口一说而已——在乡下，也没有什么其他正式的职业，大概教师算是最正式的职业吧。

　　想不到，多年以后，能够以教师为业。这种身份转换，当然离不开多位师长的惠助。二十多年前，在攻读研究生时，导师吴培华先生给予的关心至今历历在目。吴老师虽世代居于江苏苏州，性情却豪放热诚，对于弱势者有着天然的同情之心。对于我这样出身农村、没有见过世面且性格拘谨的穷学生，吴老师不仅在学习生活上给予了种种关照，且常常给我们提供与天南海北的出版人及出版管理部门相关人士交流、交往的机会。这使我渐渐克服了性格中的拘谨，能够从容地待人接物。他对学生的真挚情感，也一直影响到转为教师之后的我，使我时时提醒自己尽己所能关心学生。

在我学术的道路上，还有一位年长十岁的知名学人的帮助。十几年前，便和张涛甫教授结识。当时，他的勤奋与刻苦，就曾给我留下深刻的印象。后来，随着交往的增多，逐渐了解他的求学之路和转益多师的求学经历，更是为他不为艰难所动、一心向学的精神所深深感染。在我读书求学的日子里，多次蒙他相助，使我对学术界和学术圈有了更深的了解和理解。十年前到高校求职的日子里，他还曾亲笔手写了两页有余的推荐信，对我的学术追求、个人品性等，都详加介绍，令我感动不已。几年前，从校外重新调回复旦大学后，更是多方受益于他的热心相助和悉心指点，自是难忘。

在沪上生活工作的二十年中，有幸获得诸多前辈师友的提携惠助，在生活日常的某些时刻，每每忆及这些往事，常常令我心生温暖，获得继续前行的力量。特别是文化圈里几位相识经年的前辈和同辈，更是在诸多方面给予持续的关怀和支持，尤其令人难以忘怀。作为个体，从来都不是独行于世，而是共在于世。在共在于世的过程中，我们与共在者共同存于世间，消除了

孤独，收获了精神的充盈与丰满，使得自己的人生也变得更加
丰富多彩。我当然没有什么值得言说的成就，但若是还有些许
个人层面通过努力得以迈进的人生新境，也都与前辈和同辈师
友的惠助密不可分。

　　这本小书的主题是"制造知识"，所要表达的是，社会化知
识的形成，并非写作者一方面的因素，而是多方因素综合的结
果。在这些因素中，出版者是极其重要的环节，若非出版者的支
持，很多知识是不可能留之久远的。商务印书馆是中国现代出
版业的开端，百余年来一直是国内学术出版的重镇，能够在商
务印书馆出版自己的著作，是国内外学人为之自豪的事。这本
小书，有幸能出版，端赖商务印书馆朋友的全力支持。事实上，
这是我在商务印书馆出版的第二本书，第一本是与资深出版家
贺圣遂先生共同主编的《出版的品质（增订版）》。两书出版均获
商务朋友的惠助，自是非常感激的！

　　事实上，这本小书，能够有机会高效率出版，要非常感谢贺
圣遂先生、商务印书馆上海分馆总编辑鲍静静女史和副总编辑
李彦岑先生。多年前，贺老师就对我说，要多写东西，并说愿意
助我出版著作。当他得知我有意出版这本著作时，遂慨然表示
一定帮忙玉成。鲍静静女史亦是资深出版人，学术眼光非凡，特
别是在艺术史、哲学等人文社科书籍领域，推出了一大批卓有
影响的著作，在学术界和社会上产生了很大影响。她对我的学
术发展，此前就曾提供多次帮助，本次又慨允在商务出版这本
小著，于学术发展关键时刻的我而言，真是雪中送炭，令人心生

温暖！与李彦岑先生有过一面之缘，他的沉稳干练给我留下深刻的印象。作为资深编辑和商务印书馆上海分馆主管编辑事务的副总编辑，他为推动小著顺利出版，付出很大心力，让我很感动。作为这本小著的责任编辑，秦原女史严谨的态度、专业的编辑以及高效的工作，使我再次感受到商务印书馆优良的出版传统的力量。

在我的教学科研生涯中，曾得到诸多师友的惠助，令我感念。十年前，初到华东师范大学传播学院任教，该院创院院长王晓玉教授、雷启立教授、吕新雨教授、严三九教授等，都曾给予热心帮助与指点；在我负责该院编辑出版学本科教学和出版专业硕士项目的过程中，时任世纪出版集团总编辑、上海人民出版社社长（现任上海市社会科学联合会党组书记、专职副主席）王为松先生，华东师范大学出版社社长王焰女士，华东师范大学出版社总编辑龚海燕女士、副社长王健先生，亦曾助力甚多；中国社会科学院新闻与传播研究所教授、《新闻与传播研究》主编朱鸿军教授，《新闻记者》主编刘鹏先生，则在我初入学界特别是在治学著述方面，热情相助，指点迷津；中国传媒大学出版社社长张毓强教授、《现代出版》主编曾白凌先生、《南京社会科学》副总编辑虞淑娟女士、《新闻界》原主编邓树明先生、中南博集天卷文化传媒有限公司副总经理任殿顺先生等，对我的学术研究常予关注，鼓励有加；在学界的师友，苏州大学徐国源教授，中国人民大学杨保军教授、邓绍根教授，中国传媒大学隋岩教授、李频教授，南京师范大学张晓锋教授，华中师范大学范军教授，深圳大学何道宽教授，北京大学胡泳教授，南京大学胡翼青教授，广州大学张杰教授，华东师范大学路鹏程、甘莅豪、卞冬磊、洪九来、肖洋、刘影、邓香莲诸位教授，上海师范大学董军教授，复旦大学段怀清、陆柳、马凌、朱春阳、陈建云、张志安、周葆华、汤景泰、刘勇、孙少晶、邓建国、张殿元、白红义、姚建华诸位教授等，亦时常交流，获益良多。

在复旦的学界前辈秦绍德教授、黄瑚教授、陈建华教授在学术研究等方面给予的关心，也让我时时念及。秦绍德教授不仅关心我的学术研究和个人发展，还谆谆告诫"人到中年，身体为要"；黄瑚教授则在我入职复旦后不久，就关心我未来的长远发展；古籍所的陈建华教授在中国文学研究乃至文学、传媒等跨学科领域卓然大家，曾多次好意邀请我参加他主持或参与的学术工作坊。这些关心，于这些学界长辈可能是自然而然的事，但对我这个年轻后辈而言，内心却深受感动。此外，著名学者、小说家李庆西先生，《文汇报》任思蕴女史，或鼓励我多撰写雅俗共赏的文字，或刊发我的学术随笔，亦使我难忘。

多年以来，父母在我的人生中给予润物细无声的呵护。作为从冀东南偏僻农村走出来的人，家族同一辈兄弟姐妹二十余人，只有我一人在江南读书、工作，其余兄弟姐妹均留在了距离老家五百公里左右的石家庄、北京等地。当年读书时，父母亦曾表示过，如日后工作，最好考虑回到北方去，距离老家近些，更便于和家里亲人往来。后来，他们了解到我在上海谋得还不错的工作，自己也更倾向于客居南方城市，就不曾再提及当年的考虑。作为农村人，父母下定决心使我走求学之路，着实不易：像我这样年纪的人，绝大部分同辈早早远离了读书生涯，或在当地务农为业，娶妻生子照顾父母，或远走他乡打工谋生，为家中解决一时之忧。父母的日子，过得和其他人大致相同，生活虽然没有了更早些时候的温饱问题，但经济不宽裕、基本无积蓄则是当地人一致的处境。记得，读中学时，他们也曾试着问我，是否考虑继续读下去，或许我当时较为坚决地表示要读下去吧，他们便支持我继续读书，再无二话。现在想来，那时的家中，可能遭遇了空前的困厄，父亲下岗了，下岗后的一个月所得，只有区区四十元，算是工厂给其工人的一点点安慰吧。再后来，我一直读书，直到博士毕业，他们都是一以贯之支持的。虽然他们文化层次不高，也不知道读这么多书，今后会如何，但总是质朴地给予我默默的支持。偶尔，也会说，不要太辛苦，注意身体。他们对我的关心，始终是默默的，表面看去似乎没有特别实质的帮助，但又总是让你感觉到他们在关心着你。四年前，他们在相距不长的时间里相继辞世，在那段繁忙慌乱的日子里，我在日志中简单记下了他们病重的种种以及去世前后的事项，四年多的时间里，多次念及那段日子却再也没有勇气重新回顾那段记叙，唯恐悲伤一次又一次袭上心头。很长一段时间里，他们进入我的梦中，日常的种种，有苦有乐，在梦中变得那么真切，仿佛生活未曾有什么变化。可是，梦终究一次又一次醒来，往昔的日子也永远地流去。父母已经永远地走向了远方，今生今世，永不可能再见！在世的时候，他们关心我撰写的每一篇东西，无论随笔，还是论文；他们看不懂，大概也不太会有兴趣看，但是知道我写了东西，也就变得很开心。如今，这本不成样子的小书业已初具雏形，他们却再也看不到了。想想，这是多么令人痛心的事情。父母的最后几年，除了患病时，其他时间过得还算安稳，这得益于远在故乡伺候在父母身边的姐姐和弟弟的照料。特别是弟弟，更是付出了远比一般人子更多的辛劳，无怨无悔。见惯了父母患病多年，因照顾父母而导致兄弟姐妹阋于墙的事，我对姐弟充满感激之情。

我自己的家庭生活，则得益于妻子刘姝睿甚多。若非她坚定的支持，我也不会走到今天。其实，十年前，在出版业的工作虽算不上有多少成就，但也是顺风顺水，对于家庭生活而言，薪资收入不错，至少远比高校教师好。当我表示更愿意从事教学科研工作、做个高校教师之后，她是全力支持的。即使是在我入职某知名 985 高校，月薪只相当于原本收入的三分之一时，她也不曾有怨言，只是淡淡地说，收入够花就行了。那几年，孩子恰恰小，每周我往返于上海东北角的家与西南角的学校之间，往返八十余公里，疲累而繁忙。孩子学业、生活的照顾，全赖她一手操持。其间，我又远赴英伦访学一年，她独自一人带孩子，还有通常一周近二十节课的高三教学工作，压力之大，恐怕只有她自己知道。那一年的春节，她带着孩子飞往牛津与我相聚。在希斯罗机场的相见，当然令人兴奋，但她的憔悴，也一望可知。之后，我们常常到牛津西北部的 Port Meadow 散步，有一天，看到孩子在草木繁盛的曲折小路上飞奔，她跟在后面跟着疾行，孩子的欢快和她瘦弱的身体，一并落在我的脑海深处，至今心里仍充满歉意。访学结束，回到国内，教学科研任务更加繁重，为了补上落下的课程，常常披星戴月在家与学校间奔波。家中的诸多事项，全然接不上手，全家的大事小情，都落在了她的身上。因为专业不同，我所发表的文章，除了一两篇她曾参与，大部分都是我单独撰写或与同行合作完成，但若非她的支持，我不可能完成那些论文及本书的写作。

人一生，不知要走过多少未知的风景，时而精彩，时而孤寂。在孤寂的日子里，得到师友和家人的温暖相助，在曲折不平、寂寞徘徊的路上便有了光彩，遂带给行路人以无限的勇气。借由小著的出版，谨向上述师友以及更多因篇幅所限未能提及的朋友致以真挚的感谢！

姜　华

2023 年 7 月于复旦新闻学院

图书在版编目（CIP）数据

制造知识：作为媒介的书籍与出版/姜华著. —
北京：商务印书馆，2024
ISBN 978-7-100-23192-3

Ⅰ.①制…　Ⅱ.①姜…　Ⅲ.①图书出版—研究　Ⅳ.
① G23

中国国家版本馆 CIP 数据核字（2023）第 213387 号

制造知识
作为媒介的书籍与出版
姜　华　著

商 务 印 书 馆 出 版
（北京王府井大街36号　邮政编码100710）
商 务 印 书 馆 发 行
上海盛通时代印刷有限公司印刷
ISBN 978-7-100-23192-3

2024 年 1 月第 1 版　　　开本 890×1240　1/32
2024 年 1 月第 1 次印刷　　印张 8⅞

定价：78.00 元